AF564293

DESCRIPTIONS
DES ARTS
ET MÉTIERS.

DESCRIPTIONS
DES ARTS
ET MÉTIERS,

FAITES OU APPROUVÉES

PAR MESSIEURS

DE L'ACADÉMIE ROYALE
DES SCIENCES.

AVEC FIGURES EN TAILLE-DOUCE.

A PARIS,

Chez { SAILLANT & NYON, rue S. Jean de Beauvais;
DESAINT, rue du Foin Saint Jacques.

M. DCC. LXI.

Avec Approbation & Privilége du Roi.

L'ART
DU
RELIEUR
DOREUR DE LIVRES.

Par M. DUDIN.

M. DCC. LXXII.

AVERTISSEMENT.

Lorsque l'Académie Royale des Sciences entreprit de donner au Public la Defcription des Arts & Métiers, elle invita tous les Savants, même ceux qui n'étoient point de fon Corps, à concourir à la perfection de ce grand Ouvrage, en décrivant les Arts dont ils auroient pu prendre connoiffance, ou qu'ils auroient été à portée de pratiquer par eux-mêmes. Cette invitation a eu, en grande partie, l'effet qu'en attendoit l'Académie. Déja nous avons vu plufieurs Savants étrangers lui préfenter des Arts qu'elle a permis de publier fous les noms de leurs Auteurs. Quelques Artiftes diftingués dans leur Profeffion, ont auffi donné la Defcription des Arts qu'ils pratiquent. De ce nombre font l'Art du Menuifier, celui du Coutelier, & d'autres qui ne tarderont pas à paroître. Enhardi par ces exemples, animé du même zele, mais peut-être avec moins de talents & de connoiffances, j'ai ofé entrer dans la même carriere, & j'ai eu l'honneur d'offrir à l'Académie le tribut de mon refpect, en lui préfentant l'Art du Relieur-Doreur de Livres. J'avouerai cependant qu'il m'auroit été impoffible de joindre cet Art à ceux de l'Académie, fi, aux lumieres que j'ai tirées d'un Manufcrit de M. Jaugeon, appartenant à l'Académie, & d'un petit Ouvrage de M. Gauffecourt de Lyon, je n'avois eu le fecours de M. le Monnier le jeune, Maître Relieur, & Relieur de S. A. S. Mgr. le Duc d'Orléans (*). Cet Artifte élevé par un pere diftingué dans fa profeffion, en a toujours foutenu la réputation; il a eu la complaifance de faire faire devant moi toutes les opérations de fon Art, ce qui m'a mis à portée de le connoître affez à fond. J'ai donc tâché de décrire toutes celles que doit fubir un Livre avant que d'être vendu; on verra fur-tout que je me fuis appliqué à décrire la maniere de plier les feuilles, parce qu'il m'a paru que les Auteurs qui s'étoient occupés de cet Art avant moi, n'avoient pas affez détaillé cette opération, qui a de grandes difficultés, & qui eft importante. Je n'ai point craint de tomber dans la prolixité pour me faire entendre, & j'ai cru devoir, fur cet objet, multiplier les figures; auffi verra-t-on qu'il y a fept Planches fur

(*) Il demeure rue Saint Jean-de-Beauvais, vis-à-vis les maifons du College, aux Armes d'Orléans.

le ſeul plîment des feuilles. Mais je crois que ſi le Lecteur veut bien ne pas ſe rebuter de l'ennui que lui cauſera la lecture de cette partie, il pourra, avec de la patience, & par le ſecours des figures, parvenir à connoître le plîment des différents formats, du moins je puis aſſurer que j'y ſuis parvenu par ce moyen. On ſera peut-être étonné que je n'aie point parlé dans l'Ouvrage, de quelques autres formats, tels que l'*in-ſeize* (*), l'*in-quarante-huit*, &c; mais ces formats s'impriment ſi rarement, qu'il y en a que je n'ai pu me procurer en feuilles, entr'autres un petit format au-deſſous de l'*in-cent-vingt-huit*, qu'on appelle *le Pouce*, que j'ai cherché inutilement dans Paris. Quelqu'eſtime que mérite l'Ouvrage de M. Jaugeon ſur l'Art de la Reliure, qui n'eſt que la ſuite & la fin d'un plus conſidérable ſur la Fonte des caracteres & l'Imprimerie, j'ai été ſurpris que cet Académicien eût paſſé ſi légérement ſur cette partie de la Reliure; d'ailleurs il n'y avoit en tout que trois Planches gravées ſur cet Art, dont j'ai fait uſage: ce ſont les Planches 8, 10 & 11 de mon Ouvrage. A l'égard du petit Traité de M. de Gauffecourt, c'eſt un ouvrage imprimé à Lyon en 1762, de format *in*-8°; il en eſt très-peu venu à Paris. M. D'hémery, Inſpecteur de la Librairie, ayant bien voulu me communiquer un exemplaire qu'il a, j'ai trouvé l'Ouvrage d'un homme d'eſprit, qui connoît bien l'Art, & peut-être trop bien, pour pouvoir s'appeſantir à le décrire d'une maniere très-détaillée; d'ailleurs il n'y a pas une ſeule figure, & je ne ſai pas comment on peut entreprendre la deſcription de cet Art ſans figures: pour moi j'avoue que je n'ai eu d'autre embarras que pour ne pas trop multiplier les Planches; mais auſſi je crois que j'aurois renoncé à cet Ouvrage, ſi ce ſecours m'avoit été interdit.

J'AI évité d'entrer dans aucune diſcuſſion ni recherches hiſtoriques ſur l'antiquité de cet Art, ſur la maniere dont les Anciens aſſembloient leurs Livres avant l'invention de l'Imprimerie, & même dans des temps plus reculés, parce que je me ſuis apperçu que cette partie auroit demandé une plume plus ſavante que la mienne, & ne doit être traitée que par des Savants accoutumés à ces ſortes de recherches, qui ſuppoſent une profonde connoiſſance des anciens uſages.

JE me ſuis donc renfermé dans la partie purement méchanique de l'Art que j'ai traité; j'ai pris tout le ſoin, & toutes les précautions

(*) La feuille de ce format ſe plie comme celle de l'*in-octavo* qui s'impoſe par demi-feuille.

dont je suis capable, pour ne rien présenter au Public que de vrai. Malgré cela je ne doute point qu'il ne me soit échappé bien des inadvertances & des fautes que je n'ai pu prévoir. Je crois cependant devoir avertir des obligations que j'ai à Dom Bedos, Religieux Bénédictin. Ce savant homme, Correspondant de l'Académie, Auteur de l'Art du Facteur d'Orgues, connu par plusieurs bons Ouvrages, & qui s'est toujours occupé utilement des Arts, a bien voulu examiner mon Manuscrit avec la sévérité d'un Critique judicieux & éclairé; ses observations m'ont relevé de bien des fautes, & me doivent concilier la faveur du Public, déja prévenu des talents de Dom Bedos. M. Pingré, Chanoine Régulier de Sainte Genevieve, l'un des Commissaires nommés par l'Académie, pour examiner mon Art, a bien voulu aussi me faire plusieurs remarques très-utiles. Muni de tous ces suffrages, & en particulier de celui de l'Académie, j'ose donner mon Ouvrage au Public, trop heureux si je puis avoir mérité son approbation.

Comme j'ai remarqué qu'on étoit quelquefois embarrassé pour désigner les formats de certains Livres reliés, j'ai cru qu'on ne trouveroit pas déplacé que j'indique ici la maniere de s'en assurer. Je la tire en grande partie d'une note que j'ai trouvé dans la Traduction de Salluste, par le Pere Dotteville, de l'Oratoire, troisieme Edition, *in*-12, chez *Lottin* l'aîné, *1769, page* 402. Pour s'assurer, dit ce savant Traducteur, du format de toutes especes de Livres, il faut savoir que dans le papier se trouvent des raies qui traversent la feuille dans le sens de sa longueur; ces raies, distantes entr'elles depuis onze jusqu'à quinze lignes, suivant la grandeur de la feuille, s'appellent, en termes d'Art, *Pontuseaux* ou *Pointuseaux*. (Voy. l'Art du Papetier, par M. de la Lande, *page* 46 *& suiv.*) Or, par la seule inspection de ces Pontuseaux, on distinguera facilement les formats qui peuvent se confondre au premier aspect; car ces Pontuseaux sont toujours perpendiculaires dans tout *in-folio*, *in-octavo*, *in-dix-huit*, *in-trente-deux*, *in-soixante-douze*, *in-cent-vingt-huit*; & ils se présentent horisontalement dans les *in-quarto*, les *in-douze*, *in-seize*, *in-vingt-quatre*, &c. J'ai cru nécessaire de terminer cet Avertissement par cette note, quoique un peu étrangere à mon objet, en faveur des personnes qui, peu accoutumées à distinguer les formats, auroient des Catalogues de Bibliotheque à dresser.

EXTRAIT DES REGISTRES

DE L'ACADÉMIE ROYALE DES SCIENCES.

Du 4 Septembre 1771.

MESSIEURS DUHAMEL & PINGRÉ, qui avoient été nommés pour examiner la *Defcription de l'Art du Relieur-Doreur de Livres*, par M. DUDIN, en ayant fait leur Rapport, l'Académie a jugé cet Ouvrage digne de fon approbation, & d'être imprimé dans la Defcription des Arts qu'elle donne au Public: en foi de quoi j'ai figné le préfent Certificat. A Paris le 14 Mai 1772.

GRANDJEAN DE FOUCHY,

Secrétaire perpétuel de l'Académie Royale des Sciences.

L'ART

L'ART DU RELIEUR DOREUR DE LIVRES.

Par M. Dudin.

Introduction et Plan de l'Ouvrage.

On appelle *Relier un Livre*, plier & assembler les feuilles par cahiers, les coudre, & les couvrir de cartons revêtus de veau ou d'autres substances. Cette opération qui se fait par des Ouvriers, nommés *Relieurs*, est indispensablement nécessaire, sur-tout depuis l'invention de l'Imprimerie, pour nous mettre à portée de profiter des connoissances & des richesses que ce bel Art nous a procurées. En effet, comment jouirions-nous de nos Livres, si nous n'avions la facilité d'en rassembler les feuilles en un seul corps, pour prévenir qu'elles ne soient exposées à se perdre & à se déchirer ? comment pourrions-nous les placer dans nos bibliotheques ? quel embarras ne feroient-ils point sur nos bureaux, lorsque nous voudrions nous en servir ? enfin pourrions-nous aisément les transporter hors de nos maisons, soit pour les communiquer à ceux à qui ils peuvent être utiles, soit pour notre usage & notre agrément ?

Il seroit donc superflu d'insister davantage ici pour établir la nécessité de faire cette dépense, qui ne laisse pas que d'augmenter le prix des Livres, quand même on se borneroit à ne faire que le simple nécessaire avec propreté, sans recherche & sans magnificence. Il est vrai que quand un Livre est de peu de conséquence, ou quand il est trop nouvellement imprimé pour être mis entre les mains du Relieur, on se contente d'en plier les feuilles, de les coudre & de les couvrir d'une feuille de papier bleu ou marbré commun, ce qu'on appelle *Brocher* ;

mais outre que cette opération est de peu de durée & ne sert guere à la conservation du Livre, il faut convenir qu'elle ne donne aucun agrément extérieur aux Livres qui sont très-incommodes à placer dans une bibliotheque, où ils tiennent beaucoup plus de place que les Livres reliés.

Mon but, dans l'Ouvrage que j'entreprends, est de mettre le Lecteur à portée de connoître toutes les opérations auxquelles doit être soumis son Livre, avant qu'il soit en état de lui être vendu; & d'exposer le plus clairement qu'il me sera possible, les procédés que suivent les meilleurs Relieurs dans la pratique d'un Art, qui, quoique rangé dans la classe des Arts méchaniques, peut cependant être regardé avec une certaine considération, ayant l'avantage de tenir en quelque façon aux Lettres. En effet quoique le Roi Louis XIV, par son Edit de 1686, ait séparé la Communauté des Relieurs de celle des Libraires-Imprimeurs en l'Université de Paris, cependant il a statué, par ce même Edit, que les Relieurs Doreurs de Livres seroient toujours censés & réputés du nombre des suppôts de l'Université, & jouiroient en cette qualité des privileges dont ils avoient bien & duement joui ci-devant.

Cet Ouvrage sera divisé en sept Chapitres. Le premier, traitant des premieres opérations qu'il faut faire lorsque les feuilles viennent de chez l'Imprimeur ou le Libraire, contiendra la maniere de les plier, de les collationner, de les battre, de grecquer, de coudre, de détortiller & épointer.

Dans le second, où il sera question de mettre le Livre en état de pouvoir recevoir la couverture, on verra la maniere de couvrir les feuillets, assemblés & cousus, avec du carton; comment on forme les dos des Livres; comment on les fortifie avec de la colle & du parchemin; la maniere de rogner les bords des feuillets, de mettre la couleur sur la tranche, de la marbrer ou de la dorer; enfin de former la tranche-file, pour arrêter le haut & le bas des cahiers.

Le troisieme Chapitre sera employé à décrire la maniere de couvrir le Livre, soit avec de la peau de veau ou de mouton, soit avec du marroquin ou du parchemin; & les préparations qu'on donne à ces peaux, pour les mettre en état de recevoir la dorure.

Le Chapitre quatrieme traitera de la Dorure qui s'applique sur les couvertures des Livres; nous y décrirons la méthode & les instruments dont on se sert pour dorer.

Dans le Chapitre cinquieme, nous décrirons quelques opérations qui se font en dernier lieu quand l'ouvrage est fini, pour y donner le dernier poli & le mettre en état d'être rendu au propriétaire ou au marchand.

Pour ne point interrompre le détail de nos opérations, nous avons attendu jusqu'au sixieme Chapitre à parler de quelques reliures qui sont moins d'usage, telle que celle en parchemin simple, celle à la Hollandoise en parchemin, celle des Antiphoniers ou gros Livres qu'on pose sur les lutrins dans les Eglises, celle à la Grecque à dos brisé, à dos à la Hollandoise, celle des Cartes géographiques, grands Livres de figures & autres de format Atlas, sur très-grand papier & à onglets; la reliure des Porte-feuilles de bureau, qu'on appelle *Reliure de Lyon*, la reliure des Livres Chinois, celle des Livres Turcs & autres, dont j'aurai pu me procurer des desseins.

Enfin dans le septieme & dernier Chapitre, qui sera le plus court de tous, nous parlerons de quelques opérations qui se pratiquent moins communément, qu'il est bon cependant de ne pas omettre, parce qu'on les demande quelquefois : telles sont celles de laver les feuilles, soit en blanc & en neuf, soit en vieux, de régler les feuillets, & de parfumer les Livres.

CHAPITRE PREMIER.

Opérations qu'il faut faire avant que de couvrir le Livre de Carton.

NOUS diviserons ce Chapitre en six Articles. Le premier contiendra la maniere de plier les feuilles. Le second, le collationnement des feuilles. Le troisieme, comment il faut les battre. Le quatrieme, comment on doit grecquer. Dans le cinquieme, on verra comment il faut coudre le Livre; & dans le sixieme, la maniere de détortiller & épointer les ficelles.

ARTICLE PREMIER.

Plîment des Feuilles en général.

L'OPÉRATION de plier les feuilles est une de celles de l'Art que nous décrivons qui demande le plus d'attention de la part des personnes qui la font; ce sont ordinairement des femmes auxquelles elle est confiée; cependant elle demande non-seulement des précautions, mais encore elle suppose qu'on sait bien lire, & qu'on connoît au moins les chiffres Arabes ou Romains, puisque ce sont principalement ceux qu'on met au haut des pages qui guident l'Ouvriere.

Si nos Livres s'imprimoient de la même maniere que l'on écrit les manuscrits, il n'y auroit aucune difficulté à plier les feuilles; le premier côté ou le recto d'un feuillet porte la premiere page, le second côté ou le verso, porte la seconde page, & ainsi des autres; il ne s'agit donc que de mettre les chiffres à côté les uns des autres dans leur ordre naturel jusqu'à la fin, soit que le manuscrit soit formé d'un seul ou de plusieurs cahiers; mais dans les imprimés, chaque feuille d'impression forme autant de cahiers qui doivent porter un certain nombre de pages, suivant la différence des formats. Expliquons ceci plus en détail.

L'*in-folio* est composé d'une feuille plus ou moins grande, qui contient quatre pages, ou de deux feuilles qui s'impriment l'une après l'autre, & dont on forme un cahier qui contient huit pages. Le cahier de l'*in-quarto* est composé d'une feuille pliée en quatre, & contient quatre feuillets ou huit pages. L'*in-octavo*, huit feuillets ou seize pages. L'*in-douze*, douze feuillets ou vingt-quatre pages. Dans ce format, il y en a qui sont de deux cahiers, & d'autres d'un seul; nous expliquerons cela plus au long quand nous parlerons de son plîment; il nous suffira de dire pour le présent, que soit qu'il soit d'un ou de deux cahiers, il ne contient toujours que vingt-quatre pages. L'*in-dix-huit* contient dix-huit feuillets; il est de trente-six pages. L'*in-vingt-quatre* est différent, en ce qu'il s'imprime par demi-feuille, c'est-à-dire, que sur une même feuille de papier, on imprime à la fois deux exemplaires du même ouvrage, de sorte qu'on partage sa feuille en deux parties égales, dont chacune sert pour un exemplaire différent du même Livre: ainsi la feuille entiere de ce format, contient vingt-quatre feuillets ou quarante-huit pages; mais la demi-feuille séparée qui se partage en deux cahiers, l'un de huit feuillets ou seize pages, l'autre de quatre feuillets ou huit pages, n'en contient que vingt-quatre.

Il y a deux sortes d'*in-trente-deux*, l'un d'une seule feuille, servant pour deux exemplaires, & contenant trente-deux feuillets ou soixante-quatre pages, dont la moitié forme deux cahiers de huit feuillets ou de seize pages chacun: le second in-trente-deux ne sert que pour un exemplaire; la feuille forme quatre cahiers de huit feuillets ou seize pages chacun.

§. I. *Méthode de plier les Feuilles.*

Nous avons dit que ce sont des femmes qui sont ordinairement chargées du plîment des feuilles d'un Livre; elles font cette opération sur un carton qu'elles posent sur leurs genoux, mais plus volontiers sur une table; ce carton a 18 ou 20 pouces de long sur 15 à 16 de large, & au moins 3 lignes d'épaisseur, il pese près de deux livres. On pourroit encore se servir d'ais de bois, qui seroient plus légers que ces cartons; mais outre que la dureté de ces ais pourroit à la longue leur blesser les genoux quand elles les posent dessus, le carton obéissant un peu au pressement du plioir, le papier s'y manie mieux.

§. II. *Du Plioir, & de la maniere de s'en servir.*

Le Plioir, *Pl. X*, *fig.* 10, est un instrument de bois commun, d'ivoire, de buis ou d'écaille, qui a depuis 6 jusqu'à 10 pouces de longueur, sur 16 à 18 lignes de largeur; il va en diminuant vers ses deux bouts, qui se terminent en rond. Son épaisseur est de deux lignes dans le milieu, & diminue d'une ligne vers chaque bord, qui finit en un taillant ou coupant mousse ou arrondi: on se sert plus volontiers de plioirs de buis; ils sont plus légers & moins chers que ceux d'ivoire, qui d'ailleurs sont lourds à la main, & ont l'inconvénient de s'ébrécher comme une lame de couteau. A l'égard de ceux de bois commun, ce sont les moins bons & les moins en usage, leur taillant se gâte aisément; & ils sont sujets à se casser.

La maniere de se servir du plioir, est de le passer de champ, ou par le tranchant, sur toute l'étendue de la feuille posée ouverte sur le carton pour la redresser; ensuite on met le tranchant du plioir à l'endroit de la feuille où on veut faire le pli; on prend la feuille par un des bouts, & on la rabat sur le plioir en la tirant & la mettant juste page contre page, pour déterminer l'endroit de son pli, faisant convenir bien exactement l'impression d'une page sur l'impression de la page correspondante, sans s'embarrasser si les bords de la feuille tombent exactement l'un sur l'autre. On retire le plioir, & on le passe à peu-près de plat dessus le pli une allée & une venue, en appuyant légérement. Si on veut couper la feuille, on remet le plioir dans le pli, & on pousse fermement d'un bout à l'autre brusquement & sans s'arrêter, sans quoi on courroit risque de gâter la feuille.

§. III. *Plîment de l'*In-folio.

QUAND le cahier de l'*in-folio* est d'une seule feuille, l'opération du plîment n'est point difficile, il faut mettre sa feuille ouverte devant soi sur une table, de maniere que la lettre qui est au bas de la page, & qu'on appelle en termes d'art, *la Signature premiere* (*) ou *la bonne Lettre* A (*Fig.* 1, *Pl. I.*), soit à main droite en haut, la face contre la table sur laquelle on plie; c'est pour faire voir cette signature que dans toutes les feuilles que nous avons représentées on a fait un pli ou oreille au coin de la feuille; car il ne faut point faire cette oreille, elle ne sert ici que pour la démonstration; on doit avoir le haut des pages devant soi, & regarder les lettres à rebours; on prend le bout de la feuille du côté de la main droite, on met le plioir sur la ligne du milieu *a b*; on plie dans le sens de cette ligne & précisément dans les trous *c d*, qu'on appelle *les trous des pointures* (**) faisant tomber le chiffre de la page 2 sur celui de la page 3; on donne un coup de plioir par-dessus ce pli, & la feuille est pliée.

Si l'*in-folio* est de deux feuilles, la signature doit se remarquer aux pages 1,

(*) Chaque feuille d'impression ou cahier, est marqué d'une lettre appellée *Signature*, qu'on met au bas de la premiere page de chaque cahier, au-dessous de la derniere ligne, pour faire connoître au Relieur l'ordre des cahiers & des pages qui les composent: ces signatures se marquent avec des lettres initiales qui changent à chaque cahier. S'il y a plus de cahiers que l'alphabet n'a de lettres, on ajoute à l'initiale une lettre courante de même sorte, c'est-à-dire, un petit *a* à la suite d'un grand, & ainsi de suite; ce qu'on redouble tant qu'il est nécessaire. Ainsi s'il y a deux alphabets, le second s'écrit A a; s'il y en a trois, le troisieme s'écrit A a a. Pour indiquer l'ordre des feuilles qui composent chaque cahier, on ajoute à la premiere page du second feuillet, c'est-à-dire, à la page 3, le nombre de deux en chiffres romains A ij ou A a ij ou A a a ij, & ainsi de suite, jusqu'à celle qui fait le milieu du cahier. La signature A se nomme *premiere signature*; pour A a, on dit, A, *seconde signature*; pour A a a, on dit, A *troisieme signature*, & ainsi des autres; B *premiere signature*, &c.

(**) Les Imprimeurs appellent *Pointures* deux langues ou languettes de fer attachées par une vis aux deux côtés du tympan. Ces languettes sont terminées par une pointe qui perce la feuille de papier qu'on imprime & l'arrête dans un état fixe, & fait qu'en posant ces pointes dans les mêmes trous qu'elles ont déja faits lorsqu'on a imprimé le premier côté de la feuille, l'impression du revers de la feuille, ou *la retiration*, se rencontre juste avec l'impression du côté qui vient d'être imprimé.

3, & 5, en cet ordre. Page 1, A; page 3, A ij; page 5, A iij; on pose ces deux feuilles ouvertes de la même maniere que la précédente sur la table, c'est-à-dire que la premiere, celle qui touchera la table, sera la feuille signée A; la feuille A ij sera posée sur la premiere, & la Plieuse doit voir à sa main gauche en haut à découvert la signature A iij (*Fig.* 2); elle doit aussi voir en bas les chiffres des pages 4 & 5; elle plie cette feuille intérieure dans le sens de la ligne *e f*, (*Fig.* 2), & dans les trous des pointures *g h*, faisant rencontrer le chiffre 4 sur le chiffre 5. Cette feuille ainsi pliée, sert de regle pour plier celle de dessous, faisant tomber les pointures de cette derniere sur le pli de la premiere, & le chiffre de la page 2 sur celui de la page 3. On fait la même opération successivement à tous les cahiers composés de deux feuilles.

§. IV. *Plîment de* l'In-quarto.

Pour plier l'*in-quarto*, on pose sa feuille, la bonne lettre à main gauche en haut, la face contre la table (*Fig.* 3), de maniere qu'on voie en travers devant soi les pages 2, 3; 7, 6; on plie d'abord sa feuille suivant la ligne *i k*, dans les pointures *l m*, faisant tomber le chiffre 3 sur 2, & 6 sur 7; alors sans déranger sa feuille qui se voit ainsi pliée dans la figure 4, on la plie suivant la ligne *n o*, faisant tomber 4 sur 5, & on la met à part pour faire la même opération à une autre feuille.

§. V. *Plîment de* l'In-octavo.

L'in-octavo se plie en posant la feuille, la bonne lettre à main gauche en bas, la face contre la table (*Fig.* 5); dans cette situation, on doit voir en long devant soi & du bon sens les pages 2, 15, 14, 3, & à rebours ou du haut en bas, les pages 7, 10, 11, 6; on plie suivant la ligne *p q*, toujours dans les pointures *r s*, faisant tomber 3 sur 2 & 6 sur 7: cette feuille ainsi pliée est représentée à la figure 6; on y voit à découvert & du bon sens les pages 4 & 13, & à rebours les pages 12 & 5. On plie dans le sens de la ligne *t u*, faisant tomber 5 sur 4, & 12 sur 13; par ce moyen on découvre les pages 8 & 9 (*Fig.* 7); en appliquant 8 sur 9, on a sa feuille pliée (*Fig.* 8). Quelquefois ce format, ainsi que le précédent, s'impose par demi-feuille; alors on coupe la feuille du format *in*-4°, suivant la ligne *i k*, (*Fig.* 3), & celle du format *in*-8°, selon la ligne *p q*, (*Fig.* 5); on plie celle de la figure 3 comme on a plié l'*in-folio* d'une seule feuille, *fig.* 1, & celle de la figure 5, comme l'*in-quarto*, *fig.* 3.

§. VI. *Plîment de* l'In-douze.

Nous avons dit que la feuille *in-douze* contenoit douze feuillets ou vingt-quatre pages. Cette feuille eſt ordinairement formée de deux cahiers ; un gros qui contient huit feuillets ou ſeize pages ; & un petit qu'on appelle *feuilleton*, & qui contient quatre feuillets ou huit pages : ce ſecond cahier ou ce feuilleton ſe leve toujours, & ſe plie à part du gros cahier ; mais quelquefois il eſt renfermé dans le gros, & le tout ne forme qu'un ſeul cahier. Quand le feuilleton doit être renfermé dans le gros cahier, la feuille ne porte qu'une ſeule lettre A, par exemple, comme on le voit *Fig.* 9 ; d'autres fois le feuilleton ſe met ſeulement à côté du gros cahier de ſeize pages, & alors la feuille *in-douze* eſt compoſée de deux cahiers : dans ce cas elle porte deux ſignatures ou lettres, ſavoir A & B, (*Fig.* 15) ; le premier cahier ſigné A, va juſqu'à la page 16, & le feuilleton ſigné B, commence à la page 17 juſques & compris la page 24.

Quand on imprime un ouvrage qu'on ſait ne devoir pas être conſidérable, & n'être compoſé que d'un très-petit nombre de feuilles, on l'impoſe de maniere que le feuilleton ſe mette en dehors, & ſéparément du gros cahier.

Si l'on ne conſultoit que le profit des Relieurs, toutes les feuilles s'imprimeroient de maniere que les cahiers s'encartaſſent : car comme nous avons dit que le plîment & la couture des feuilles ſe fait en ville par des Ouvrieres qui ne font guere que cela, cette couture ſe paie au cent de cahiers couſus, ainſi moins il y a de cahiers, moins il en coûte au Relieur ; un Livre de 312 pages n'eſt pas un volume conſidérable ; ſi les feuilletons s'encartent, il ne ſera que treize cahiers, au lieu que ſi le feuilleton étoit en dehors, il ſeroit de vingt-ſix cahiers, que le Relieur auroit à payer à la Couſeuſe. Je reviens au plîment de notre feuille. Si le feuilleton s'encarte comme celui de la figure 9, on poſe la feuille ſur la table, la bonne lettre A à main gauche en haut, la face contre la table, & les pages de maniere qu'on voie en travers devant ſoi les pages 2, 7, 11 ; 23, 18, 14 ; 22, 19, 15 ; 3, 6, 10. Il y a des Plieuſes qui commencent par lever le feuilleton qui ſe trouve à leur main droite & eſt repréſenté par la bande *cd*, *gh*, (*Fig.* 9) ; elles plient cette bande ſuivant la ligne *cd*, préciſément dans les trous des pointures *ef* ; elles ſéparent cette bande en coupant le long de la ligne *cd*, & tout de ſuite elles en forment un cahier, faiſant tomber le chiffre 10 ſur le chiffre 11, (*Fig.* 9), puis 12 ſur 13, (*Fig.* 10), & elles mettent ce feuilleton à part ; enſuite elles plient leur gros cahier *cd*, *ik*, (*Fig.* 9). Mais cette opération étant plus longue que l'autre, & ces Ouvrieres ayant beſoin d'expédier ce travail, voici la méthode qu'elles ſuivent ordinairement.

Quand la feuille eſt poſée comme nous l'avons dit plus haut, on la plie ſuivant la ligne *ab*, (*Fig.* 9), faiſant tomber les chiffres 10, 6, 3, ſur 11, 7, 2 ;

quand la feuille est ainsi pliée (*Fig.* 11), on voit en travers les pages 4, 5, 9; 21, 20, 16, & les signatures A iij & A v; on plie ensuite la bande de la droite, faisant tomber la page 16 sur 20, & 9 sur 5, (*Fig.* 11 & 13); on coupe cette bande que l'on voit séparée à la figure 10, on la plie tout de suite, appliquant le chiffre 12 sur 13, mettant en dehors la signature A v, qui se trouve à la page 9; on met cette bande qui fera le feuilleton à part, on retourne à son gros cahier (*Fig.* 11), & sans déranger sa feuille, on plie la page 20 sur 21, 5 sur 4, puis 8 sur 17, (*Fig.* 12); on insere le feuilleton A v, (*Fig.* 14) dans le gros cahier, mettant 9 à côté de 8, & 16 sur 17, & la feuille est pliée.

Quand le feuilleton ne s'encarte pas, c'est-à-dire, quand il se met à côté & en dehors du gros cahier, on pose sa feuille *ab*, *cd*, (*Fig.* 15) sur la table, de même que la précédente; mais alors les chiffres ne suivent plus le même ordre; on voit en travers les pages 2, 7, 19; 15, 10, 22; 14, 11, 23; 3, 6, 18; on plie de même que la précédente, suivant la ligne *ef*, faisant tomber les chiffres 3, 6, 18, sur 2, 7, 19, de maniere qu'on voie en travers les pages 4, 5, 17; 13, 12, 24, & les signatures A iij & B, (*Fig.* 16); on rabat le feuilleton B sur la feuille, (*Fig.* 17), avec les mêmes précautions que nous avons dit qu'il falloit avoir pour le précédent, ce qui fait voir à découvert les pages 20 & 21 du feuilleton; on coupe ce feuilleton, & mettant en dehors la signature B, on le plie faisant tomber le chiffre 20 sur 21; on le met à part, & on plie le gros cahier comme on a fait celui de la feuille précédente, dont le feuilleton devoit être encarté, faisant tomber le chiffre de la page 12 sur 13, & celui de la page 5 sur 4, (*Fig.* 16); puis cette feuille étant pliée en 4, on plie 8 sur 9, la signature A en dehors; il ne reste plus qu'à mettre le feuilleton signé B, commençant par la page 17 à côté de la page 16, & cette feuille est pliée.

§. VII. *Plîment de* l'In-dix-huit. *Pl. II.*

La feuille de l'*in-dix-huit* est formée de trois cahiers, composés chacun d'un gros cahier, (*Fig.* 6) & d'un feuilleton, (*Fig.* 5), qui s'encarte toujours: cette feuille porte trois signatures, A, B, C, (*Fig.* 1). Nous n'avons pu faire voir dans cette figure 1 que la signature A; mais il est aisé de se représenter que les deux autres B & C, sont contre la table aux pages 13 & 25; c'est à cause de ces trois signatures qu'à la douzieme page de chacun de ces cahiers, ou aux pages 12, 24, 36, on met une *reclame f*, (*Fig.* 2). On n'a pu faire voir sur cette figure que la reclame *f*; les deux autres sont cachées en dessous.

Pour plier cette feuille, on la met sur la table, la bonne lettre à main droite en haut, la face contre la table, *Pl. II.* (*Fig.* 1), de maniere qu'on voie devant soi dans le bon sens les pages 34, 27, 22, 15, 10, 3; 30, 31, 18, 19, 6, 7; & à rebours les pages 35, 26, 23, 14, 11, 2: on plie la bande de la main droite sur celle du milieu, dans le sens de la ligne *cd*, faisant tomber les chiffres

chiffres des pages 2, 3 & 7, fur ceux des pages 23, 22, 18, ce qui fait qu'on voit à découvert (*Fig.* 2), la bonne lettre A, qui auparavant étoit contre la table, & la reclame *f* de la page 12; on coupe cette bande, & on la met à part fur la table; on plie de même celle du milieu dans le fens de la ligne *ab*, faifant tomber les chiffres des pages 14, 15, 19, fur ceux des pages 35, 34, 30; & de même qu'à la premiere bande, on découvre la lettre B & la reclame de la page 24; on coupe encore cette bande, & par ce moyen la feuille eft partagée en trois bandes égales: on met ces trois bandes l'une fur l'autre; la bande A là premiere fur la table, la bande B au-deffus, & la bande C la derniere: on les arrange de maniere que toutes les lettres fe trouvent dans le même fens, à main gauche, la face contre la table, comme on peut le remarquer dans la figure 3. Ainfi il faut fe figurer que fous cette bande C, font les deux autres B & A, pofées dans le même fens que C; on voit donc les pages en travers, & C fe trouvant la premiere, on voit les pages 26, 27, 31, & 35, 34, 30; on commence à opérer fur le cahier C, en pliant la petite bande de ce cahier, de la droite vers la gauche, fuivant la ligne *hi*, ce qui découvre (*Fig.* 4) les pages 32, 29, & la fignature C iij; on leve cette petite bande & on la plie, faifant tomber le chiffre 30 fur 31, découvrant la page 29 & la fignature C iij, ce fera le petit cahier ou le feuilleton qu'on met à part, on le voit à la figure 5: on revient à ce qui refte de la bande *C* (*Fig.* 3), qui doit faire le gros cahier. On plie cette feuille fuivant la ligne *k l*, faifant tomber 27 fur 26 & 34 fur 35; on retourne fa feuille ainfi pliée, de maniere qu'on voie en long devant foi, les pages 28 & 33 (*Fig.* 6). On plie ces deux pages l'une fur l'autre, découvrant 25 & la lettre C. On infere le feuilleton dans le gros cahier, mettant 29 à côté de 28, & 32 à côté de 33 (*Fig.* 6 & *Fig.* 5), & ce cahier eft plié. Quand on a fait la même chofe pour les autres cahiers, la feuille eft entiérement pliée; il ne refte plus qu'à les mettre à côté les uns des autres, fuivant l'ordre des lettres A, B, C, & des chiffres.

Quelquefois l'*in-dix-huit* n'eft que de deux cahiers; alors on leve une bande comme le feuilleton de l'*in-douze*; on plie le gros cahier comme la feuille *in*-8°, & on encarte le feuilleton dans le gros cahier.

§. VIII. *Plîment de* l'In-vingt-quatre. *Pl. II.*

La feuille de l'*in-vingt-quatre* (*Fig.* 7), s'imprime par demi-feuille, qui fe plie fuivant la ligne *m n*, dans les trous des pointures *o p*; une moitié de cette feuille fert pour un exemplaire d'un Livre, & l'autre demi-feuille fert pour un autre exemplaire du même ouvrage. Chaque demi-feuille eft compofée de deux cahiers fignés A & B, dont le premier eft de huit feuillets ou feize pages, & le fecond de quatre feuillets ou huit pages. La feconde demi-feuille eft compofée du même nombre de cahiers.

Pour plier cette feuille, on la pose sur la table, une bonne lettre à main droite en haut à découvert (*Fig.* 7), l'autre à main gauche aussi en haut, mais contre la table; dans cette position on voit toutes les pages en travers; on plie donc sa feuille en long, suivant la ligne *m n*, faisant tomber la lettre A, qui est à la main droite, sur le verso de A de la main gauche, ou le chiffre de la page 1 de la premiere demi-feuille, sur le chiffre 2 de la seconde demi-feuille. On coupe la feuille en deux, on en met une moitié à droite & l'autre à sa gauche, afin de ne pas les confondre ensemble, & de ne pas mettre sur un même exemplaire deux feuilles pareilles; on continue de séparer ces deux bandes jusqu'à la fin du volume.

On met sa demi-feuille (*Fig.* 8), la bonne lettre A à main gauche en bas, la face contre la table, de maniere qu'on voie en long, devant soi, les pages 2, 15, 14, 3, 18, 23, & à rebours les pages 7, 10, 11, 6, 19, 22; on plie suivant la ligne *s t* le feuillet signé B, dont on voit à main droite en haut la signature B ij : comme la ligne ponctuée *s t*, n'est point tracée sur le papier, on plie ce feuillet dans le sens de deux lignes ou réglets, qu'on ne peut pas voir dans la figure 8, parce qu'ils touchent la table; mais qu'on voit en *q r* (*Fig.* 7). On a soin de faire tomber les chiffres des pages 22 & 23 (*Fig.* 8), sur 11 & 14: on coupe ce feuilleton, on le plie séparément, d'abord dans le sens de la ligne *c d*, faisant tomber 19 sur 18, & 22 sur 23, ensuite 20 sur 21 (*Fig.* 13); ce sera le petit cahier (*Fig.* 9) de cette feuille : on plie les gros cahiers comme on a plié l'*in*-8°. c'est-à-dire, dans le sens de la ligne *u x* (*Fig.* 8), faisant tomber 6 sur 7, & 3 sur 2; puis (*Fig.* 10) suivant la ligne *y z*, faisant tomber 5 sur 4 & 12 sur 13; enfin, suivant la ligne *a b* (*Fig.* 11), en mettant 8 sur 9, on a le cahier A, représenté par la figure 12, dont la derniere page est 16, à côté de laquelle on met le petit cahier signé B (*Fig.* 9 & 13), qui complette la feuille entiere de l'*in-vingt-quatre*.

§. IX. *Plîment de* l'In-vingt-quatre *d'un seul Cahier Pl. IV.*

Il y a encore une autre sorte d'*in-vingt-quatre*, formé d'un cahier de seize pages, qu'on appelle *gros Cahier*, & d'un autre plus petit de huit pages, appellé ainsi que dans l'*in-douze le petit Cahier* ou *le feuilleton*, & qui s'encarte dans le gros; cette feuille sert comme celle de l'*in-vingt-quatre* de deux cahiers, pour deux exemplaires; ainsi chaque demi-feuille est marquée d'une lettre A. Pour plier cette feuille, on met la bonne lettre A à main gauche en bas à découvert, l'autre bonne lettre A à main droite aussi en bas, mais la face contre la table (*Pl. IV. Fig.* 1); dans cette position on ne voit les pages de la feuille qu'en travers. On plie suivant la ligne *a b*, dans les pointures *c d*; on sépare sa feuille en deux, & on met la moitié à part pour servir au second exemplaire. On pose devant soi la moitié qu'on veut plier, la bonne lettre A à main gauche en bas la face contre la table (*Fig.* 2), regardant du bon sens les pages 2, 23, 22, 3, 16, 9, & à rebours les pages 7, 18, 19, 6, 13, 12; on plie suivant la ligne *ef*, faisant tomber le chiffre de la page 9 & celui de la page 12, sur ceux des pages 22 & 19 (*Fig.* 2 & 3); on coupe cette bande, & mettant la signature A v à main gauche en haut, la face contre la table (*Fig.* 4), & A vj à main droite à découvert, les pages 10, 11, 15, 14, en travers; on plie de droite à gauche, suivant la ligne *ik*, 11 sur 10 & 14 sur 15; on retourne pour mettre les pages en longueur, & on plie suivant la ligne *pq*, 12 sur 13 (*Fig.* 5); ce sera le petit cahier qu'on met à part.

On revient à son gros cahier (*Fig.* 2), qui est resté dans la même situation, c'est-à-dire, qu'on voit en longueur les pages 2, 23, 22, 3; on plie ce cahier comme l'*in-8°*. d'abord suivant la ligne *gh*, faisant tomber 3 sur 2, & 6 sur 7, puis suivant la ligne *lm*, 5 sur 4, & 20 sur 21 (*Fig.* 6), & enfin, suivant la ligne *no* (*Fig.* 7), pliant 8 sur 17, on met le feuilleton A v (*Fig.* 8), commençant par la page 9, au milieu de ce gros cahier 9 à côté de 8, & 16 sur 17, & la feuille est pliée.

§. X. *Pliment de* l'In-trente-deux. *Pl. III. & IV.*

L'*IN-TRENTE-DEUX* s'impose de deux manieres, ou par demi-feuille; alors la feuille sert pour deux exemplaires, & est composée de deux cahiers signés chacun d'une lettre différente: ou bien elle ne sert que pour un exemplaire; & alors elle forme quatre cahiers, qui sont aussi chacun signés d'une lettre.

Pour plier le premier, on met sa feuille, la bonne lettre A, à main droite en bas à découvert, pendant que l'autre bonne lettre A (*Pl. III, Fig.* 1) est à main gauche aussi en bas, mais la face contre la table, de maniere qu'on regarde dans le bon sens les pages 24, 25, 26, 23, 2, 15, 16, 1; & à rebours les pages 17, 32, 31, 18, 7, 10, 9, 8. On plie en long suivant la ligne *a b*, dans les pointures *cd*, faisant tomber A de la main droite sur le verso du même feuillet à gauche, ou le chiffre 1 sur 2, 8 sur 7, 23 sur 24, 18 sur 17: on coupe cette feuille en deux, dont la moitié servira pour le second exemplaire. On tourne sa demi-feuille en travers, & mettant B à main droite à découvert sur la table en haut (*Fig.* 2), & A à main gauche aussi en haut, mais la face contre la table; on plie B sur le verso de A, dans le sens de la ligne *ef*, ou 17 sur 2, & 20 sur 3; on coupe cette demi-feuille en deux; on retourne cette feuille ainsi coupée, de maniere que les deux bonnes lettres A, B, appliquées l'une sur l'autre, soient à main gauche en bas la face contre la table (*Fig.* 3); on plie la demi-feuille B de dessus, dans le sens de la ligne *gh*, mettant 19 sur 18, & 22 sur 23, ce qui fait que l'on voit (*Fig.* 4), 20 & 29 à découvert & dans le bon sens: cette feuille étant ainsi pliée, on la plie encore suivant la ligne *ik*, (*Fig.* 4), ou 21 sur 20, & 28 sur 29; & enfin dans le sens de *l m*, (*Fig.* 5), faisant tomber 24 sur 25, & le cahier B commençant par le chiffre 17, (*Fig.* 6), est plié : on met ce cahier à part; on plie de même celui qui porte la lettre A, faisant tomber d'abord 3 sur 2, (*Fig.* 2), puis au second plîment 4 sur 5, & au troisieme 8 sur 9, ce qui donne le cahier *A*, (*Fig.* 7), finissant par la page 16, à côté duquel on met le cahier B : ces deux cahiers ne s'encartent jamais.

J'ai entendu dire qu'autrefois ces cahiers s'encartoient, mais que c'étoit une mauvaise façon d'imposer que l'on avoit rectifiée dans les Imprimeries.

Nous avons dit que le second *in-trente-deux* ne servoit que pour un exemplaire; cette feuille porte quatre signatures A, B, C, D, qui se trouvent aux pages 1, 17, 33, 49, & forment autant de cahiers de 16 pages chacun. Pour plier cette feuille, on met la premiere bonne lettre A, à main gauche en bas, la face contre la table, (*Fig.* 8); dans cette position on doit voir dans le bon sens les pages 54, 59, 42, 39, 2, 15, 30, 19; & à rebours, les pages 51, 62, 47, 34, 7, 10, 27, 22 : on plie suivant la ligne *n o*, dans les pointures *p q*, faisant tomber le chiffre de la page 19 sur 2, & celui de la page 34 sur 51, & on coupe sa feuille en deux; on met cette moitié sur la table, B à main gauche en bas à découvert, & C à main droite en haut aussi à découvert (*Pl. IV*, *Fig.* 9). On plie dans le sens de la ligne *a b*, faisant tomber le chiffre de la page 36 sur celui de la page 17, & 33 sur 20; on coupe cette division : on plie de même & avec les mêmes précautions, la seconde moitié *n*, *o*, *r*, *s*, (*Fig.* 8, *Pl. III.*), de la feuille, la pliant suivant la ligne *t u*, le chiffre de la page 49 sur celui de la page 4, & on la coupe aussi en deux.

Voilà la feuille partagée en quatre quarrés égaux, qui chacun sont signés des lettres A, B, C, D, (*Fig.* 10, *Pl. IV*); on met tous ces quarrés les uns sur les autres, la bonne lettre à main gauche en bas contre la table, A sur la table, & finissant par D; on prend le quarré D, qu'on plie comme l'*in-octavo*, c'est-à-dire, d'abord dans le sens de la ligne *c d*, (*Fig.* 10), ou 51 sur 50; puis suivant la ligne *e f*, (*Fig.* 11), 53 sur 52; enfin suivant *g h*, (*Fig.* 12), ou 56 sur 57, ce qui donne le cahier D, (*Fig.* 13), qui commence par la page 49, & finit à 64 : on met ce cahier à part; on plie de même le quarré C, & on a le cahier (*Fig.* 14), commençant par la page 33, & finissant par 48, à côté duquel on met le cahier D, & ainsi des autres jusqu'à la fin.

§. XI. *Plîment de* l'In-soixante-douze, *Pl. V & VI.*

L'IN-SOIXANTE-DOUZE s'impose toujours par demi-feuille, c'est-à-dire, que la feuille entiere sert pour deux exemplaires; ainsi elle contient 72 feuillets, ou 144 pages, ce qui donne 72 pages pour chaque demi-feuille, qui sont chacune signées des quatre lettres A, B, C, D, formant quatre cahiers, dont le premier A, & le troisieme C, sont chacun de 24 pages; le second B, & le

quatrieme

quatrieme D, de douze pages ; on met cette feuille une bonne lettre A à main droite en bas à découvert sur la table, l'autre bonne lettre, qui est la même, à main gauche en bas, la face contre la table (*Fig.* 1, *Pl. V*), de maniere qu'on voie dans le bon sens les pages 44, 53...54, 43; 48, 49...50, 47; 2, 23...24, 1; & à rebours 37, 60...59, 38; 11, 14...13, 12; 7, 18...17, 8; on plie suivant la ligne *ab*, dans les pointures *cd*, faisant tomber A de la main droite sur le verso de la même lettre de la gauche, ou les chiffres des pages 43, 47, 1, sur ceux des pages 44, 48, 2 : on coupe cette feuille en deux, & on sépare l'autre demi-feuille.

On met une de ces deux moitiés en travers sur la table, la lettre A à main gauche en haut, la face contre la table (*Fig.* 2), & la lettre C à droite en haut à découvert; on plie en deux suivant la ligne *ef*, faisant tomber C sur le verso de A, ou 37 sur 2, & 72 sur 35 (*Fig.* 2, *Pl. V*, & *Fig.* 1, *Pl. VI*); on coupe en deux, & sans rien déranger on plie la feuille C à l'endroit des réglets *gh*, (*Fig.* 2, *Pl. V*), en suivant la ligne ponctuée *ab*, (*Fig.* 1 & *Fig.* 2, *Pl. VI*); on leve cette bande qui est signée de la lettre D, (*Fig.* 2 & 3): elle est de six feuillets ou 12 pages. On met cette bande en travers, la lettre D à main gauche en bas à découvert (*Fig.* 3), de maniere qu'on voie aussi en travers les pages 61, 64, 68; 72, 69, 65; on plie cette bande le long de la ligne *cd*, & on leve le petit quarré signé D iij, & coté 68, 65 : on plie ce quarré en deux suivant la ligne *gh*, ou le chiffre 66 sur 67, (*Fig.* 4 & 5), & on met ce petit cahier à part; on revient à la partie *cdef* (*Fig.* 3) de la bande D qu'on met en travers, la lettre D à main gauche en haut, la face contre la table (*Fig.* 6); on plie comme l'*in-8°*, suivant la ligne *ik*, 63 sur 62, 70 sur 71, puis suivant la ligne *lm* (*Fig.* 7), 64 sur 69; on insere à côté de 64 le feuilleton ou petit cahier, commençant par la page 65 (*Fig.* 4 & 5), & finissant par la page 68. Voilà le dernier des quatre cahiers de cette feuille plié, qui est, comme nous l'avons dit, composé de douze pages; il faut ensuite plier le reste de la demi-feuille C, qui se plie comme l'*in-douze*; on la met sur la table, la lettre C à main gauche en haut contre la table (*Fig.* 8); on plie dans le sens de la ligne *no*, faisant tomber les chiffres 39, 42, 46, sur les chiffres 38, 43, 47; on voit cette feuille ainsi pliée *Fig.* 9; on rabat le côté *pqrs* de cette feuille sur la bande, faisant tomber les pages 52, 45, sur les pages 56, 41 : on sépare cette petite bande de la grande comme dans l'*in-douze* on a séparé le feuilleton, (*voy. Pl. I. Fig.* 11, 13, 16, 17), & on la plie suivant la ligne *tu* (*Fig.* 10), faisant tomber 48 sur 49, ce qui donne le cahier signé C v, (*Fig.* 11), commençant par la page 45, & finissant par la page 52. On garde ce cahier à part pour l'encarter dans le gros cahier, qui compose la partie de la feuille G (*Fig.* 9), dont on a séparé la bande *pqrs* : on plie ce gros cahier d'abord dans le sens de la ligne *xy* (*Fig.* 9), faisant tomber 41 sur 40, & 56 sur 57, puis suivant la ligne *z* (*Fig.* 12), 44 sur 53. On insere le petit cahier G v (*Fig.* 11) au milieu de ce gros, mettant 45 à côté de 44, & 52 sur 53, & on a le cahier commençant à la page 37 & finissant à la page 60; on met à côté de ce cahier-là, le cahier D, commençant à la page 61 & finissant à la page 72. On fait les mêmes opérations pour plier les cahiers A & B, & toute la feuille est pliée.

§. XII. *Plîment de* l'In-cent-vingt-huit, *Pl. VII.*

L'IN-CENT-VINGT-HUIT s'impose comme la feuille *in-soixante-douze*, & sert de même pour deux exemplaires. Quand cette feuille a été coupée en deux par la ligne ponctuée *a b*, (*Fig.* 1.), chaque demi-feuille forme huit cahiers signés d'une lettre A jusqu'à H; chacun de ces cahiers sont de seize pages, ce qui fait soixante-quatre pages pour un côté de la demi-feuille; l'autre côté, celui qui touche la table, étant aussi composé de soixante-quatre pages, donne cent-vingt-huit pages. La seconde moitié de la feuille, ou l'autre demi-feuille est aussi de cent-vingt-huit pages; ainsi quand cette feuille est entiere elle contient deux-cent-cinquante-six pages.

On met sa feuille une bonne lettre A à main droite en bas à découvert; l'autre bonne lettre qui est la même que celle de la droite, à main gauche aussi en bas la face contre la table (*Fig.* 1, *Pl. VII*). Dans cette position on doit voir dans le bon sens les pages 72, 73... 74, 71; 84, 93... 94, 83; 22, 27... 28, 21; 2, 15... 16, 1 : on plie dans le sens de la ligne *a b*, & dans les pointures *c d*, faisant tomber A de la main droite, sur le verso de A de la main gauche, ou 71, 83, 21, & 1, sur 72, 84, 22, 2 : on coupe cette demi-feuille le long de la ligne *a b*; ces deux moitiés sont cotées A & B dans la figure; on met la moitié A en travers, de maniere que la bonne lettre A soit à main gauche en haut, la face contre la table; on plie dans le sens de la ligne ponctuée *e f*, faisant tomber E sur le verso de A, ou 65 sur 2. On sépare cette demi-feuille en deux, suivant la ligne *e f*: cette partie coupée est représentée dans la moitié B par le quarré *a f m n*; on plie encore ce quarré suivant la ligne *g h*, faisant tomber 118 & 98 sur 71 & 83, & on le coupe en deux ; puis le quarré *e f l b* ou *f b n y*, est coupé suivant la ligne *i k* ou *h z*, ce qui donne quatre quarrés *a f g h*, *g h m n*, *f b h z*, *h z n y* : cette demi-feuille se trouve partagée en quatre parties égales, dont deux sont représentées A (*Fig.* 1) par les deux quarrés *e i k l* & *i f b k*; les deux autres sont représentés B (*Fig.* 1) par les quarrés *a f g h* & *g h m n*; on plie le quarré *e i k l*, A (*Fig.* 1) suivant la ligne ponctuée *o p*, faisant tomber les chiffres des pages 19 & 22 sur 7 & sur 2; & faisant la même chose pour toutes les quatre divisions de sa demi-feuille, on a les huit cahiers représentés par les huit quarrés 1, 2, 3, 4, 5, 6, 7, 8, B (*Fig.* 1), qu'on met tous les uns sur les autres ; le cahier A, la bonne lettre contre la table à main gauche (*Fig.* 2), & les autres suivant l'ordre des lettres, sur ce premier. On plie ces cahiers, commençant par le dernier de tous, par celui qui est signé H, comme on a plié la feuille *in*-8°, c'est-à-dire, 115 & 118, ſur 114 & 119; 117 ſur 116, & 120 ſur 121, ou, comme on voit (*Fig.* 2), 3 ſur 2, 5 ſur 4 (*Fig.* 3), 8 ſur 9 (*Fig.* 4), ce qui donne le cahier A finiſſant par la page 16, à côté de laquelle on met le cahier B, page 17 : ces cahiers ne s'encartent jamais.

Article Second.

Du Collationnement des Feuilles ; du Placement des Cartons & des Figures.

Quand on a plié les feuilles, on met les cahiers les uns à côté des autres, ſuivant l'ordre dans lequel ils doivent être quand le Livre ſera relié, commençant par le cahier ſigné A juſqu'à la fin ; on collationne ces cahiers pour s'aſſurer s'ils ſont bien placés, s'il n'y a point quelques feuilles mal tournées, & s'il y a quelques cartons ou figures à mettre en place. Nous allons décrire ſéparément chacune de ces opérations.

§. I. *Collationnement.*

Cette opération ſe fait en prenant le Livre de la main droite ; le ſaiſiſſant par la tête ou par le haut des feuilles, du côté de la gouttiere : on appuie le pouce de la main gauche ſur le côté de la queue ou ſur le bas des feuillets par le dos, & on laiſſe couler les feuilles à meſure qu'on apperçoit les lettres & les reclames. On peut encore faire ce collationnement en mettant le Livre à plat ſur la table, & le parcourant feuille par feuille, ſuivant l'ordre des chiffres qui ſont au haut des pages, des lettres & des reclames qui ſont au bas. Les *in-folio* & les *in-quarto* étant trop gros pour être maniés commodément, on ne les collationne pas autrement ; la ſeule différence qu'il y ait entre ces deux formats, eſt que l'*in-quarto* ſe collationne par le côté du dos, de maniere que le dos du Livre regardant le Collationneur, on leve tout le cahier, au lieu que l'*in-folio* ſe place la queue du Livre devant l'Ouvrier, qui leve feuillet à feuillet. On ſe ſert pour faire ce collationnement, de la pointe d'une aiguille, d'un canif ou d'un poinçon : on tient cette pointe de la main droite, & ſa feuille de la gauche, & pointant légérement le bout d'en bas d'une feuille, on leve à chaque fois les feuillets de chaque cahier qui porte des ſignatures, commençant toujours par la premiere ſignature A : quand on ne voit plus de ſignature on tourne ſes feuillets ; on poſe le cahier à ſa gauche, mettant toujours la bonne lettre contre la table, & la derniere page de la feuille à découvert, & on fait la même opération ſur la feuille ſuivante, qui eſt ſignée B ; ce qui ſe continue juſqu'à la derniere feuille. S'il n'y avoit point d'alphabet ou de ſignature, comme cela ſe pratiquoit dans les Livres des premiers temps de l'Imprimerie, il faudroit regarder ſi les chiffres du haut des pages & ſi les reclames ſe rapportent bien ; ou enfin, quant aux Livres qui n'ont ni ſignature, ni chiffres, ni reclame, il faut conſulter le *Regiſtrum* qu'on mettoit souvent à la fin; il contenoit les premiers mots de chaque feuille ou cahier, ou même de chaque feuillet, avec le nombre de feuillets contenus dans chaque cahier.

On appelle *Reclame*, un mot qu'on met au bas de la derniere page, au-dessous de la derniere ligne de chaque feuille ou cahier ; ce mot est la répétition de celui qui doit commencer la ligne de la premiere page du cahier suivant : si donc on voit que ce mot se rapporte bien avec celui de la page suivante, on peut s'assurer que le Livre est bien collationné. Il est plus important qu'on ne le croit, de s'assurer de la justesse de cette reclame & d'y prêter attention ; car si on n'avoit égard qu'aux lettres de signature & aux chiffres du haut des pages, on pourroit très-bien, par erreur, accoler une feuille d'un ouvrage composé de plusieurs volumes, avec une feuille d'un autre volume du même ouvrage ; or en consultant la reclame, on découvriroit l'erreur. A proprement parler même, les signatures ne servent que pour assembler & mettre les unes sur les autres les feuilles d'un ouvrage dans les magasins de Librairie ; & ce sont les reclames & les chiffres du haut des pages qui doivent guider le Relieur. Il seroit donc peut-être mieux, qu'au lieu d'un seul mot, les Imprimeurs en prissent deux de la page suivante pour faire leurs reclames ; car il peut arriver que le même mot se rencontre à la fin de deux cahiers, cotés de même, quoique de volumes différents, & il doit être difficile, ou du moins presqu'impossible, que cela se rencontre sur deux mots. Au reste, pour obvier à cet inconvénient, il est maintenant d'un usage assez général de joindre à la signature le numéro du volume, si l'ouvrage doit être divisé en plusieurs volumes.

Autrefois on mettoit souvent des reclames au bas de toutes les pages, ou au moins de toutes les pages verso des Livres.

Quand on a collationné son Livre, & quand on s'est assuré que les feuilles sont dans l'ordre où elles doivent être, on examine s'il n'y a point de cartons à placer.

Les *Cartons* sont des feuillets qu'on veut substituer à la place de quelques autres, dans la vue de remédier à quelques erreurs typographiques, trop considérables pour pouvoir être renvoyées à l'*Errata* qui se met à la fin du Livre, ou pour quelqu'autre changement important. Ces feuillets à substituer à d'autres se connoissent ordinairement chez les Relieurs par une étoile appellée *Astérisque*, que l'Imprimeur met à côté de la lettre de signature, si le carton est dans une page qui porte une signature ; mais si le carton se trouvoit au-delà du milieu d'un cahier, par conséquent dans un endroit où il n'y auroit point de signature, l'Imprimeur mettroit l'astérisque à la page du carton, à l'endroit où devroit être la signature ; quelquefois aussi cet astérisque se met à la gauche du chiffre du haut de la page. Comme ces cartons s'impriment ordinairement sur une feuille ou demi-feuille à part, pour avertir le Relieur de chercher & de placer les cartons, on a eu soin dans le Magasin de Librairie, où l'ouvrage s'assemble, de déchirer le feuillet qui doit être supprimé ; quelquefois même on imprime à la tête du Livre un petit Avis au Relieur, qui lui indique les lettres où il doit trouver les cartons & la maniere de les placer. Le

Le Relieur ayant préparé ſes cartons à être mis en place, coupe la feuille qu'il veut ſupprimer, laiſſant du côté du dos une petite bande appellée *Onglet*, ſur laquelle il colle proprement ſon carton; s'il coupoit tout-à-fait la feuille dans le dos, ſans laiſſer d'onglet, il ſeroit obligé de coller les feuilles des deux côtés du dos, ce qui diminueroit la marge du fond; & quand on viendroit à rogner le Livre, le carton ne ſeroit pas rogné.

S'il y a des figures à placer, on les colle tout de ſuite de la même maniere & avec les mêmes précautions qu'on a placé les cartons, obſervant qu'elles ſoient bien exactement placées vis-à-vis les pages qu'elles doivent regarder, ce qu'on a ſoin ordinairement d'indiquer au Relieur, en gravant ſur les planches le chiffre de la page à laquelle la figure doit correſpondre.

Quand on a un nombre conſidérable de figures, on les met à la fin du volume, ou à la fin de quelque Livre ou Chapitre, ſelon la maniere dont on a diviſé ſon ouvrage; on les aſſemble en forme de cahiers de neuf à dix planches chacun; on coud ces cahiers à ſurjet, dont les points ſont éloignés; & entre les fils de cette couture, on fait paſſer l'aiguille, pour les aſſembler avec les feuilles du Livre.

ARTICLE TROISIEME.

Battre les Feuilles.

ON ne bat pas ordinairement les feuilles avant de les plier, ſi ce n'eſt dans le cas où on eſt preſſé de faire des préſents; mais comme alors les feuilles ſont trop fraîchement imprimées, & que l'impreſſion d'une feuille pourroit ſe décharger ſur la feuille voiſine, ce qu'on appelle *Maculer*, on les plie ſeulement en deux dans le ſens des pointures, & on met entre deux une feuille de papier blanc, qui reçoit l'impreſſion de l'encre.

Quand on veut battre par cahiers, on les met les uns à côté des autres, & on donne tout le volume au Batteur. Cet Ouvrier commence par *couper* les cahiers, c'eſt-à-dire, qu'il en ſépare la totalité en pluſieurs parties. Par exemple, un *in-douze* de 600 pages, formant vingt-cinq cahiers, ſe partage en quatre parties: l'Ouvrier prend donc environ ſix cahiers ou une *Battée* de la main gauche, les tenant par leur extrémité le plus fortement qu'il eſt poſſible, afin qu'ils ne ſe dérangent pas; de la main droite il frappe environ quarante coups ſur une face du premier cahier, du côté oppoſé à celle qui touche la pierre; il ne donne ordinairement que deux ou trois coups de ſuite ſur un même endroit de cette face, faiſant en ſorte que chaque coup de marteau recouvre ou entame un peu ſur la marque qu'a fait le coup qui a précédé, ſans quoi il pourroit arriver que quelques endroits de la face du feuillet, n'auroient pas reçu de coups de marteau: on tourne les cahiers du haut en bas, & on change la main de place dans le moment que le marteau eſt levé, afin de ne pas s'interrompre, & d'entretenir le mouvement que ſe donne le corps & le bras, qui fatigueroient beaucoup s'il falloit fréquemment s'interrompre. On fait la même opération ſur la face du cahier qui touchoit la pierre; enſuite le Batteur ouvre ſa battée, met l'une contre l'autre les deux faces qui viennent d'être battues, & répete ſucceſſivement la même opération, juſqu'à ce que toutes les faces des cahiers de cette battée aient paſſé ſous le marteau. Il recommence une ſeconde & une troiſieme battée, juſqu'à la fin du Livre. Mais on ne ſauroit trop recommander aux Relieurs de ne point faire battre, que les feuilles ne ſoient bien ſéches; autrement on aura toujours des feuilles *maculées*, ou dont les lettres s'entre-corrompront & ſe noirciront de leur encre. Auſſi les gens curieux de conſerver la beauté d'une impreſſion, achetent-ils ordinairement les Livres en feuilles ou brochés, pour leur donner le temps de ſécher avant de les donner au Relieur. On doit avoir auſſi une grande attention aux Livres dans leſquels il y a des figures; car eſt il conſtant que l'encre des Imprimeurs en taille-douce eſt plus long-temps à ſécher que celle des Imprimeurs en lettres; ainſi on ne riſque rien, on fera même bien d'attendre long-temps avant de les faire relier.

Si cependant on étoit obligé de faire relier avant que le Livre fût parfaitement ſec, le Relieur pourroit prévenir les inconvénients, en faiſant battre plus ou moins fort, ſelon que les feuilles ſeroient plus ou moins ſéches, & en recommandant qu'on mît des feuilles de papier fin aux endroits où il y auroit des gravures.

Le Batteur doit avoir grand ſoin de bien diriger ſon marteau, afin qu'il tombe bien à-plomb & ne donne pas de côté, ſinon il couperoit infailliblement les feuilles qui ſe caſſeroient ſur les coins, ce qu'on appelle *Caſſer la battée*; il pourroit encore arriver que cela feroit *Liſſer* les feuilles, c'eſt-à-dire, qu'une feuille s'écarteroit de l'autre & ſe maculeroit; c'eſt pourquoi ce ne ſont jamais les nouveaux Apprentifs qui battent; il faut qu'ils ſe ſoient long-temps excercés à battre des cartons, ou quelques ouvrages communs. On a ſoin auſſi pour ménager le Livre, de mettre ſur la pierre une vieille feuille de parchemin, (une neuve ſeroit trop dure); on l'arrête deſſus par le moyen d'un peu de colle qu'on met à ſes extrémités: on ſe ſert encore mieux d'un morceau de vieux cuir, qu'on met ſur la pierre, le côté de la fleur touchant ſur la pierre; mais on n'auroit beſoin de mettre ni papier ni cuir ſur la pierre, ſi on vouloit avoir ſoin de la nettoyer de temps en temps avec de l'eau & des rognures de papier.

Le marteau *A* (*Pl. VIII. Fig.* 1, *bas de la Planche*) dont ſe ſervent les Relieurs, a le manche *b* court & gros, pour qu'on puiſſe mieux le tenir dans la main; il a 6 pouces de longueur, & 14 à 15 lignes de groſſeur près de la tête, l'autre extrémité étant encore plus groſſe. Ce marteau, qui eſt de fer, peſe avec ſon manche environ 8 à 9 livres; cette peſanteur eſt néceſſaire pour que les coups faſſent plus d'effet. La tête *d* eſt fort large, ce qui fait que les coups tombent ſur une plus grande ſuperficie de papier ; & comme elle eſt plus groſſe que le côté *c* oppoſé, le marteau retombe plus à-plomb. Les vives-arêtes des extrémités ou contours de ſon aſſiette, ſont abbattues, afin que les Ouvriers ne ſoient pas expoſés à couper les feuilles, ſi leur marteau venoit à vaciller dans leurs mains, & afin qu'ils travaillent avec moins de contrainte : on donne auſſi un peu de convexité à cette tête, ce que les Ouvriers appellent *Donner de la panſe*, afin qu'en battant on touche moins fort les bords que le milieu des feuilles ; cette précaution eſt abſolument néceſſaire quand on veut avoir un Livre bien relié ; autrement il ne feroit pas bien dreſſé en l'ouvrant, les feuilles ne s'étendroient pas bien, & une partie s'enfleroit pendant que l'autre baiſſeroit, ce qu'on appelle *Former des plis* ou *Godures*; c'eſt ce qu'on remarque dans la plupart des Livres qui ſont reliés pour le compte des Libraires, ou pour être débités dans la Province, & preſque toujours dans ces petits Livres communs d'heures ou de dévotion, qu'on connoît ſous le nom de *Camelotes.* Comme ces ſortes de Livres doivent toujours ſe vendre à bas prix, on ſe contente, après que les feuilles ſont pliées, de leur donner quelques coups de marteau ; on les met en preſſe & on les coud groſſiérement, ce qu'on appelle *Sabler l'ouvrage* ; mais on ſera moins ſurpris du peu de ſoin que les Ouvriers donnent à ce travail, quand on ſaura que le Marchand ne donne, pour la reliure de ces Livres, que le tiers de ce qu'il donne pour les autres : auſſi ceux qui ſe deſtinent à ces ſortes d'ouvrages, contractent une ſi forte habitude de mal travailler, qu'ils deviennent ordinairement incapables de faire ceux qui demandent plus de ſoin.

La pierre qui ſert à battre *A*, *Fig.* 1. *Vignette*, *Pl. VIII*, eſt un parallélipipede de 4 pieds ou environ de hauteur, y compris 12 à 15 pouces dont elle eſt enfoncée en terre, pour qu'elle ſoit plus ſolidement arrêtée ; le deſſus eſt un quarré long de 19 à 20 pouces, ſur 15 à 16 de côté ; elle doit être dure, des plus unies, ſans aucune veinure & parfaitement ſaine. On prend ces pierres dans les carrieres ordinaires des lieux où on ſe trouve, ayant ſoin cependant de prendre garde aux veines ; car alors il ne faudroit qu'un coup de marteau pour faire fendre la pierre en deux : celles dont on ſe ſert à Paris ſont preſque toutes tirées des carrieres d'Arcueil, & les plus cheres n'excédent pas 25 ou 30 livres ; on a grand ſoin qu'elles portent bien à-plomb dans la foſſe où elles ſont, & que ce qui eſt hors de terre n'excede pas 3 pieds dans les plus grandes ; car il ne faut pas qu'elles ſoient plus hautes que la ceinture, afin que l'Ouvrier qui bat deſſus ait moins de peine ; ſi elle étoit plus haute, il ne ſeroit pas aſſez courbé, & auroit moins de force ; ſi elle l'étoit moins, il ſeroit trop courbé, ce qui le fatigueroit beaucoup. La figure de quarré long qu'on donne au plan ſur lequel on bat, eſt néceſſaire, pour éviter d'avoir pluſieurs pierres, ſuivant les différents formats des Livres. Quand ce ſont des *in-folio*, l'Ouvrier ſe place devant le grand côté ; & quand ce ſont des *in-quarto* ou de plus petits Livres, il ſe place devant le côté le plus étroit ; alors même, deux Ouvriers peuvent battre ſur une même pierre ſans s'embarraſſer.

Quand à force de se servir d'une pierre, elle s'est creusée ou écaillée en quelques endroits, il se forme dessus des especes de hachures, & on ne peut plus battre dessus sans risque de gâter les feuilles; cela arrive principalement quand on bat de petits Livres. Alors on redresse la pierre, en l'usant avec du sable ordinaire, & la frottant avec un grais. On se sert aussi de vieilles feuilles de rapes à tabac, qui même sont préférables, parce qu'elles mangent plus vîte le grain de la pierre, & le grais sert pour leur donner le dernier poli; mais une pierre peut servir sept à huit ans, sans avoir besoin de cette légere réparation.

ARTICLE QUATRIEME.

Grecquer.

QUAND le Livre est sorti des mains du Batteur, on le dresse bien par la tête & par le dos, pour qu'il n'y ait point de cahiers qui débordent ou qui rentrent plus en dedans que les autres. Pour cela on tient ses cahiers entre les deux mains, de maniere que le dos des cahiers soit tourné du côté de l'Ouvrier; & soulevant un peu ses cahiers, on les frappe légérement contre la table, d'abord par le côté de la tête du Livre, & ensuite par le dos; comme on ne quitte point son Livre & qu'on le tient entre ses mains, les cahiers coulent par leur propre pesanteur, & se mettent tous de niveau, à peu près comme on voit les cartes couler dans un jeu qu'on vient de mêler avant de les donner: quand on a ainsi dressé les cahiers, l'Ouvrier les place entre deux ais de 2 à 3 pouces de largeur, & d'une longueur proportionnée au format du Livre. Ces ais débordent sur la longueur du Livre, à peu près d'un pouce en haut ou en tête, & autant en bas ou en queue: on met le Livre avec ces ais le dos en haut, entre les deux jumelles d'une presse, qui est ordinairement celle qu'on appelle *Presse à dorer*, assujettissant le Livre avec la main gauche; de la droite on fait serrer la presse; & comme les ais ont plus d'épaisseur à la partie qui se pose du côté du dos, qu'à celle qui touche le côté de l'ouverture ou la gouttiere du Livre, ils serrent davantage & tiennent le dos plus assujetti: on a soin que le dos des cahiers déborde les ais d'à-peu-près un pouce, afin qu'on puisse faire l'entaille qui sert à loger la *Chaînette*, ou les bouts des fils qui arrêtent la coûture.

Quand cette préparation est faite, l'Ouvrier prend sa *Grecque*, espece de couteau formant une scie à main, (*Fig.* 4. *Pl. X*), dont le fer a 10 pouces de long, dont les dents fort menues sont écartées d'une ligne les unes des autres par leur pointe, & dont le manche *u* a 8 pouces; on tient cette scie à deux mains; on la pose sur le dos du Livre, à environ cinq lignes du haut ou de la tête, & tirant à soi en appuyant fortement, on fait une coupure ou entaille d'une ligne de profondeur; on fait tout de suite la même chose au bas ou à la queue du Livre, à huit ou dix lignes de l'extrémité des Feuilles: ces proportions varient suivant la différence des formats.

Si

Si le Livre doit être relié à nerfs, on ne fait que ces deux entailles; mais s'il doit être relié à la grecque, on fait de pareilles entailles dans toute la longueur du dos du Livre, pour marquer les endroits où doivent être placées les nervures: en ce cas, on fait sa premiere grecquure à cinq lignes de la tête, comme on a fait pour la reliure à nerfs, puis celle de la queue à douze lignes du bas du Livre; on revient faire une troisieme entaille à un pouce de distance de celle de la tête, une quatrieme à la même distance de celle de la queue; en un mot on fait cinq divisions à distances égales, entre celles de la tête & de la queue; ainsi toutes ensemble font sept entailles, dans chacune desquelles on loge les ficelles qui doivent former les nervures. Les Ouvriers sont tellement accoutumés à faire ces sortes de divisions, qu'ils n'ont pas besoin de compas pour les espacer également; le coup d'œil leur suffit : d'ailleurs, comme dans la reliure à la grecque les nervures ne sont point apparentes & qu'elles ne sont que figurées sur le dos de la couverture, quand elles ne seroient pas bien également distribuées, il n'en résulteroit aucun inconvénient, ni pour la solidité, ni même pour la grace du Livre : il n'en seroit pas de même pour les Livres à nerfs; il faut que la Couseuse ait soin de bien espacer ses ficelles, aussi se servent-elles pour cela d'une petite marque, dont nous parlerons quand nous décrirons la couture. Nous devons ajouter ici, que les grands *in-folio* se cousent à neuf nerfs, les *in-folio* ordinaires à sept, les petits à six; les *in-quarto* à six & à cinq; à l'égard des *in-octavo*, *in-douze*, & même au-dessous, ils se cousent à cinq nervures.

ARTICLE CINQUIEME.

De la Couture.

QUAND le Livre est grecqué, on le collationne de nouveau, pour vérifier si quelque cahier ne se seroit point dérangé en le mettant entre les ais; ensuite on fait l'imposition du papier qui doit faire les *Gardes* : on appelle ainsi quatre feuillets de papier, deux de papier marbré & deux de blanc, qu'on met au commencement & à la fin de chaque volume, & qui servent à donner un coup d'œil de propreté au volume. Avant que de présenter les feuilles à coudre, on plie une feuille de papier blanc de la grandeur du Livre, & une autre de papier marbré, de maniere que la marbrure soit en dedans, ces deux feuilles formeront les deux premiers cahiers du Livre à coudre; on pose le tout sur l'établi ou cousoir, pour procéder à la couture.

§. I. *Description du Cousoir.*

LE Cousoir (*Fig.* 2. *Pl. VIII*) est une table faite ordinairement d'un seul morceau de bois très-simple, d'un pouce d'épaisseur, d'environ trois pieds de long ſur deux de large : cette table eſt poſée ſur quatre pieds *llll*, formés de morceaux de bois quarrés ſans aucun ornement, arrêtés en bas par deux traverſes *mm* qui reçoivent dans leur milieu une barre *n*. A deux pouces environ de l'extrémité d'un des grands côtés, & à cinq pouces des petits, on a pratiqué une ouverture ou entaille *cc*, de deux pieds deux pouces de long, ſur un pouce & demi de large, pour recevoir les ficelles *dddd*, qui formeront les nerfs ; le deſſus de la table déborde le haut des pieds à peu près de quatre pouces. A deux pouces des bords de cette table, ſont deux vis de bois *fo*, *fo*, poſées perpendiculairement, leurs pas ou filets en haut ; ces vis ont deux pieds de longueur totale, un pied quatre pouces de filet ou de pas de vis : les huit pouces reſtants du bout qui touche ſur la table & qui ne portent point de pas, forment ce qu'on appelle *le Manche* ou *la poignée* de ces vis ; le bout du manche ſe termine par un petit bouton qui entre dans un trou pratiqué ſur la table ſans y être arrêté, les vis même y jouent aſſez librement, & ne ſont arrêtées fermement que quand on tend les ficelles qui forment les nerfs. Ces deux vis ſont tenues dans une ſituation verticale, par le moyen de la traverſe ou arbre *ee*, qui n'eſt autre choſe qu'un morceau de bois d'environ cinq pouces de circonférence, dont chaque bout eſt terminé par un quarré *pp*, de quatre pouces de long ſur deux de large, & autant d'épaiſſeur ; ces deux quarrés ſont eux-mêmes terminés par deux eſpeces de boules ou boutons *qq*, qui ne ſervent que d'ornement ; chacun de ces quarrés *pp* eſt taraudé dans ſon milieu d'un trou ſervant d'écrou à chaque vis, par le moyen deſquels on fait monter ou deſcendre l'arbre *e e*, en faiſant tourner les vis ſur un ſens ou ſur l'autre ; ſur cet arbre ou traverſe ſont paſſées des ficelles doubles *ssss*, nouées en *r*, de maniere qu'elles puiſſent tourner librement autour, & former une eſpece de boucle ou anneau : ce ſont ces cordes qu'on appelle *Entre-nerfs*, auxquelles on attache, par un nœud, le bout des ficelles *dddd*, qui ſervent à former les nerfs ſur leſquels on coud le Livre ; on obſerve de laiſſer aſſez de longueur aux ficelles pour qu'elles puiſſent paſſer de deux ou trois doigts au-deſſous de la table du Couſoir, & y être arrêtées par le moyen des *chevillettes g*. Ce petit inſtrument, quoique fort ſimple, doit être décrit particuliérement pour faire connoître ſon uſage & la maniere de s'en ſervir ; c'eſt un morceau de cuivre long de deux pouces, & épais d'environ deux lignes : il eſt formé de deux branches *ff*, ſéparées l'une de l'autre par la traverſe *g*. Au-deſſus de cette traverſe, dans la tête *d* de la piece, eſt une ouverture quarrée *e*, de ſix lignes ſur cinq ; la Couſeuſe prend ſa chevillette de la main gauche, de maniere que la tête *d* ſoit devant elle ; de la droite elle fait entrer ſa ficelle *dd*, (*Fig.* 2), dans l'ouverture *e* de la tête, & ramenant le bout de cette ficelle du côté de ſa main droite, & la faiſant paſſer par-deſſus la branche droite, elle la couche ſur la traverſe *g* de la chevillette ; puis ſaiſiſſant le petit bout de cette ficelle de la main gauche, elle retourne ſa chevillette ſens deſſus-deſſous, c'eſt-à-dire, de maniere qu'elle ait devant elle le bout des branches, au lieu qu'auparavant elle avoit la tête ; alors elle tient sa chevillette la tête en haut, dans une situation perpendiculaire ; ensuite prenant attention que la ficelle ne se lâche, elle fait passer le tout au travers de l'entaille *c* de la table ou Cousoir, remet la chevillette dans une situation horisontale les branches devant elle, comme on voit en *g*, l'applique contre la surface inférieure de la table, & fait en sorte que les ficelles qui doivent former les nerfs, soient dans le milieu de l'entaille. Quand on éleve l'arbre en tournant les vis, les chevillettes se trouvent appliquées intimement contre le dessous de la table, & par conséquent les ficelles sont fortement bandées. Mais il est bon de remarquer qu'il faut que les chevillettes aient plus de longueur que l'entaille de la table n'a de largeur, sans quoi elles ne serreroient pas bien, & même passeroient au travers de l'entaille. La Couseuse ferme l'entaille par le moyen d'une regle de bois *h h*, de la même épaisseur que la table, & de même longueur que l'entaille ; cette regle, qu'on nomme le *Templet*, sert à assujettir les nerfs ; mais s'ils ne l'étoient pas encore assez, on parviendroit aisément à les roidir davantage en tournant les vis *f f*, qui feroient monter l'arbre *e e*, & donneroient par conséquent plus de tension aux nerfs *d d d d*.

La Couseuse dispose ses ficelles dans la distance que son Livre demande, c'est-à-dire, qu'elle met plus ou moins de nerfs suivant le format du volume qu'elle se propose de coudre. Pour espacer plus également ses nerfs, on se sert d'une espece de regle de carton, appellée *Marque*, qui porte autant de coupures ou entailles faites à égales distances les unes des autres, qu'on veut que le Livre ait de nerfs ; on pose cette marque sur la table devant les nerfs ; on les fait entrer dans chaque entaille : si le nerf n'étoit pas encore assez tendu, on le roidiroit davantage en faisant monter l'arbre. On voit bien, par ce que nous venons de dire plus haut, que les Couseuses ont autant de marques différentes que de différents formats de Livres, & qu'elles ne s'en servent point pour les Livres reliés à la grecque, parce que les cahiers portant leur marque, on fait entrer les nerfs dans les entailles même du Livre.

Quand le Cousoir est ainsi préparé, la Couseuse prend une aiguille d'acier de la grosseur d'une ligne, de trois pouces de longueur, percée comme les autres aiguilles, & courbée en forme d'arc ; sa courbure est de huit lignes ou environ : on enfile cette aiguille de gros fil ou de fil moyen, suivant la grosseur des cahiers, & la propreté qu'on veut donner à l'ouvrage ; on se sert de gros fil quand les cahiers sont fort gros, & qu'il y en a peu, afin de leur faire prendre du dos, c'est-à-dire, les rendre plus épais par cet endroit, comme aussi pour que le Livre ait raisonnablement de *Mords* pour loger le carton. Quand le Livre n'est composé que d'un nombre médiocre de cahiers, on se sert de fil moyen ; & de fin, quand il y en a beaucoup & qu'ils sont menus. Enfin quand les cahiers sont minces, quand c'est un Livre qu'on veut relier proprement, ou qu'on veut relier une seconde fois, on se sert de fil de Bretagne ; si le Livre doit être garni en étoffe de soie au lieu de papier marbré, on coud cette étoffe avec de la soie de la même couleur.

Nous pourrions dire d'une maniere générale, que toute couture se fait en commençant à coudre le papier marbré, ensuite le papier blanc, puis le premier cahier du Livre, le second, & ainsi par ordre jusqu'à la fin; que l'on pique son aiguille dans la chaînette qui est à la tête du Livre, allant de nerfs en nerfs jusqu'à la chaînette de la queue; qu'on remonte en piquant son aiguille dans cette même chaînette finissant à celle de la tête, & ainsi de suite jusqu'à ce que tous les cahiers soient cousus; mais comme la couture est la partie la plus essentielle de la reliure, il faut l'expliquer plus à fond, & donner un détail plus circonstancié de cette opération.

§. II. *Des différentes sortes de Coutures.*

Il y a trois sortes de Coutures; la premiere s'appelle *Couture à nerfs*; la seconde, *à la Grecque*; la troisieme, *à Nerfs fendus*.

§. III. *De la Couture à nerfs.*

La Couture à nerfs se fait de quatre manieres différentes; la couture simple, la couture propre, la couture ordinaire ou commune, & la couture à ficelles doubles. Nous allons expliquer chacune de ces opérations, & parler d'abord de la simple.

Quand on veut faire cette sorte de couture, la Couseuse commence par mettre son Livre assemblé & grecqué sur la table du Cousoir à sa gauche; ensuite elle prend le premier cahier qu'elle pose en *B*, (*Pl. VIII, Fig.* 2), contre les ficelles, le dos du cahier tourné vers elle, la tête du Livre à droite, par conséquent la bonne lettre à main gauche contre la table; elle pose sur ce cahier la feuille de papier marbré, ouvre cette feuille de maniere qu'une moitié soit à plat sur la table, & l'autre posée verticalement contre les ficelles; elle la tient ainsi ouverte de la main gauche, pique de la main droite son aiguille dans cette feuille, en dehors, observant de piquer précisément vis-à-vis la grecquure du premier cahier, & ayant soin de laisser passer un bout de son fil assez long pour pouvoir l'arrêter avec celui qu'elle passera dans la seconde feuille: elle fait sortir son aiguille à la gauche du premier nerf, de dedans en dehors de la feuille, la reçoit de la main gauche, repique de la même main à la droite du même nerf, de dehors en dedans, pour embrasser ce nerf avec le fil qu'elle fait sortir à la gauche du second nerf, de dedans en dehors; repique encore à la droite du second nerf, de dehors en dedans, & sort de dedans en dehors à la gauche du troisieme nerf, & ainsi de suite jusqu'au cinquieme: de-là elle sort de dedans en dehors vis-à-vis la grecquure de la queue; ensuite on met sur cette feuille celle de papier blanc; on pique cette feuille de dehors en dedans, vis-à-vis la grecquure de la queue: on ressort son aiguille à la droite du premier nerf de la queue,

queue, en remontant vers la tête; on repique à la gauche de ce même nerf, de dehors en dedans, pour la faire sortir de dedans en dehors à la droite du second nerf, & ainsi de suite jusqu'à ce qu'on soit arrivé à la grecquure de la tête, où on fait sortir l'aiguille : là on arrête son fil en faisant un nœud avec le bout qu'on a laissé pendre à la feuille de papier marbré; ensuite on tire le premier cahier de dessous la feuille de papier marbré, on le remet par-dessus la feuille de papier blanc, & on le coud sur le nerf, piquant toujours l'aiguille dans la grecquure de la tête, de dehors en dedans, descendant jusqu'à celle du bas, & remontant au cahier suivant, du bas en haut, pour finir à celle de la tête. Dans cette sorte de couture, chaque cahier est cousu sur tous les nerfs, & c'est ce qu'on appelle la *Couture simple*, parce que quoique les ficelles qui doivent former les nerfs soient doubles, cependant on ne coud que sur l'une : on verra dans peu l'usage de la seconde.

A chaque grecquure la Couseuse arrête son fil en faisant rentrer son aiguille entre deux cahiers, la faisant ressortir pour entourer le fil de la grecquure du précédent cahier, & faisant un nœud, mais sans couper son fil; car il ne faut pas que l'aiguillée soit interrompue dans toute la durée de l'opération sur un même volume. Si le fil vient à casser ou à finir, on le reprend, ou on lui en ajoute un autre par le moyen du nœud de Tisserand. A l'égard des nerfs, s'ils viennent à casser, il faut découdre le Livre, détendre les autres nerfs, & recommencer comme si on n'avoit rien fait; mais cela n'arrive que quand la ficelle ne vaut rien, ou quand l'Ouvriere a trop serré les vis. Je reviens à la couture.

On peut coudre encore deux cahiers à deux cahiers, c'est-à-dire, qu'on pique le premier à la grecquure, de dehors en dedans, sortant au premier nerf de dedans en dehors; on laisse ce cahier; on en prend un second, que l'on pose dessus, & que l'on pique de dehors en dedans au premier nerf, & de dedans en dehors au second; on revient au premier cahier, que l'on pique au second nerf de dehors en dedans, & on sort au troisieme nerf de dedans en dehors; on revient au second cahier, qu'on pique de dehors en dedans du troisieme au quatrieme nerf; on retourne au premier, qu'on pique du quatrieme au cinquieme nerf; on sort, après ce cinquieme nerf, de dedans en dehors par la chaînette de la queue. On pose un autre cahier sur ce second; on pique dans la grecquure de la queue en remontant, & on sort de dedans au dehors à la droite du cinquieme nerf, qui devient le premier en remontant; on laisse encore ce cahier, & on en reprend un autre qu'on pose de même dessus : on pique de dehors en dedans à la gauche du cinquieme nerf; on sort à la droite du quatrieme ou du second en remontant : on retourne au premier de ces deux nouveaux cahiers; on pique du quatrieme au troisieme nerf, & ainsi de suite jusqu'à la fin du Livre. Mais nous aurons soin d'avertir qu'on a toujours attention de conserver au commencement & à la fin, quelques cahiers qui sont cousus tout du long, ce qui fait faire le mord au Livre : cette couture s'appelle la *Couture propre*.

On coud aussi quelquefois à trois cahiers ; mais comme cette maniere de coudre est moins solide que les autres, on ne l'emploie que pour les ouvrages communs, & pour les Livres auxquels on ne veut pas donner tant de propreté : cette couture, qui s'appelle *Couture à l'ordinaire* ou *commune*, a beaucoup de ressemblance avec la couture propre.

Dans la couture à nerfs à ficelle simple, on peut coudre deux volumes l'un sur l'autre sans détendre le Cousoir : on se sert, pour coudre le premier volume, de la ficelle qui est à la droite de la Couseuse, ou vers la tête du volume ; & pour le second, de celle qui est à sa gauche, ou du côté de la queue.

La couture à ficelles doubles, se pratique de même que celle à ficelle simple ; elle ne differe de la premiere, qu'en ce qu'au lieu d'embrasser une seule ficelle, on en recouvre deux. Cette couture se pratique communément pour les *in-folio* & pour les *in-quarto*, qui étant plus gros, demandent plus de solidité : on ne l'emploie pour les *in-octavo*, les *in-douze*, les *in-dix-huit*, que quand on veut faire des ouvrages bien recherchés, & des Livres couverts en maroquin. On prend pour cette couture, de la ficelle plus menue que celle dont on se sert pour la couture simple : c'est la même que celle qui sert à la couture à la grecque, que nous allons décrire sommairement, attendu qu'elle est très-simple & facile à comprendre, après ce que nous avons dit de la couture à nerfs.

§. IV. *De la Couture à la Grecque.*

La couture à la grecque ne differe absolument de celle à nerfs, qu'en ce que les nerfs ne sont point apparents sur le dos du Livre, parce que les ficelles qui les forment, sont placées dans les entailles que la grecque a fait au dos du Livre. Cette couture se fait comme la précédente, cahier à cahier, ou deux cahiers à deux cahiers, & même quand on veut à trois ; mais on ne peut pas, comme à la précédente, coudre deux volumes l'un sur l'autre ; & nous avons déja dit qu'on se sert d'une ficelle plus fine que celle qu'on emploie pour la couture à nerfs.

§. V. *De la Couture à nerfs fendus.*

On prendra aisément l'idée de la couture à nerfs fendus, en se représentant la couture à nerfs à ficelle simple. Nous avons dit qu'ordinairement on disposoit ses ficelles doubles, afin que celle qui est à la droite de la Couseuse servît à coudre un volume, & celle qui est à la gauche, à en coudre un autre. Dans la couture à nerfs fendus, la ficelle de la droite sert à coudre le premier cahier, & celle de la gauche à coudre le second. Cette couture se fait cahier à cahier, ou deux cahiers à deux cahiers ; mais on ne peut coudre qu'un volume à la fois sans détendre le Cousoir.

On se sert de la même ficelle qu'on a employée pour la couture à nerfs à ficelles doubles : on pique d'abord, comme à toutes les autres coutures, dans la grecquure de la tête ; on sort de dedans en dehors entre les deux ficelles du premier nerf ; on repique de dehors en dedans à la droite de la premiere ficelle : on sort de dedans en dehors entre les deux ficelles du second nerf : on repique à la droite de ces ficelles, & ainsi de suite jusqu'à ce qu'on soit arrivé à la grecquure de la queue ; alors on vient sortir son aiguille de dedans en dehors, entre les deux ficelles du cinquieme nerf : on pique du dehors au dedans, à la gauche de la ficelle gauche de ce cinquieme nerf ; on sort de dedans en dehors, entre les deux ficelles du quatrieme nerf, & ainsi de suite jusqu'à la grecquure de la tête, où on arrête, & toujours de même jusqu'à la fin du volume.

Cette couture est non-seulement la plus solide & la meilleure de toutes, mais c'est celle qui donne le plus de grace & le plus de propreté à un Livre ; la nervure qu'elle forme sur le dos du Livre, est un peu plus large & plus quarrée que celle à ficelle simple, & elle laisse entre les deux nerfs une petite cavité ou goutiere, sensible à l'extérieur sur la nervure du dos du Livre, & qui est assez agréable.

J'ai vu d'anciennes couvertures de Livres en bois, dont les nerfs étoient formés d'un morceau de peau ou de parchemin refendu dans le sens de leur longueur ou de l'épaisseur du dos du Livre, dans laquelle on voyoit l'entrelacement des fils qui avoient servi à faire la couture sur ces nerfs. Je ne doute point que ce ne soit cette fente qui a fait donner à ces nerfs le nom de *Nerfs fendus* ; & comme nous nous proposons de donner une idée de ce qui sera venu à notre connoissance, sur la maniere dont les Anciens relioient leurs Livres, nous remettons à cet endroit à dire comment il nous a paru que ces nerfs étoient assemblés avec les ais qui formoient la couverture.

Quand le Livre est entiérement cousu, on coupe les ficelles, on leve le templet qui ferme la rainure du Cousoir ; on défait les chevillettes, & on ôte le Livre, ayant soin de laisser environ trois pouces de longueur au bout des nerfs de chaque côté, afin qu'ils puissent entrer dans les trous du carton.

Nous ne devons pas oublier de dire qu'il faut bien prendre garde de trop ouvrir un Livre quand il est cousu ; si on le fait, il faut toujours tenir fermement dans sa main gauche le dos de son Livre, parce qu'autrement la couture rentreroit en dedans, ce qui empêcheroit d'arrondir le dos, & de former le mord ; mais il vaut mieux ne le point ouvrir du tout.

ARTICLE SIXIEME.

Détortiller & épointer.

QUAND les ficelles ont été coupées, & le Livre ôté de deſſus l'établi du Couſoir, on détortille & on épointe les ficelles. Pour cela on met les bouts pendants des nerfs, ſur les genoux ou ſur la table, & appuyant fortement deſſus le tranchant d'un mauvais couteau, en les tirant de deſſous, on parvient à les uſer, à leur faire perdre le tortillement que la ficelle avoit pris dans la fabrication, & à les effilocher entiérement, les réduiſant par-là en une eſpece d'étoupe; ſi le bout en étoit trop gros, on couperoit quelques-uns des brins de chanvre vers la pointe: enſuite on prend de la colle de farine entre ſes doigts, on en imbibe la ficelle, on la roule ſur le genou ou ſur une table avec le plat de la main, ce qui lui donne un nouveau tortillement, & on la ſerre un peu entre les doigts, afin que la colle, en ſéchant, la durciſſe & lui faſſe faire bien la pointe. Cette petite opération, peu difficile, & en apparence peu importante, eſt néanmoins néceſſaire pour pouvoir faire celle de paſſer ces bouts de nerfs dans les cartons, & par ce moyen joindre les cartons avec le Livre; opération que nous décrirons dans le commencement du ſecond Chapitre.

Nous venons de décrire toutes les opérations qui regardent l'aſſemblage des cahiers, leur battement, leur couſage, en un mot toutes les préparations que le Livre doit ſubir avant que d'être couvert en carton; il faut maintenant faire connoître celles qui ſont néceſſaires pour mettre le Livre en état d'être revêtu de peau, comme de le couvrir en carton, lui former le dos, &c; c'eſt ce qui fera l'objet du ſecond Chapitre dans lequel nous allons entrer.

CHAPITRE

CHAPITRE SECOND.

Des Opérations qu'on fait au Livre avant que de le couvrir en peau.

QUAND le Livre eſt battu & couſu, il faut le revêtir de cartons, qui ſervent à donner du ſoutien à la peau dont on doit le couvrir; lui faire le dos, ce qu'on appelle *Endoſſer*; coller ce dos; rogner le Livre; mettre la tranche en couleur; enfin faire la tranche-file.

ARTICLE PREMIER.

Du choix des Cartons.

LES Cartons dont ſe ſervent les Relieurs, ſont de ceux qu'on connoît ſous le nom de *Cartons de moulage*, c'eſt-à-dire, ſuivant M. de la Lande, (Art du Cartonnier), *de ceux qui ſont faits par trituration à la maniere du papier.* Ils en emploient de huit ſortes différentes, qui varient de grandeur & d'épaiſſeur, ſuivant la différence des formats & la qualité des ouvrages auxquels ils doivent ſervir.

La premiere ſorte eſt *le grand Aigle ouvert*, qui a 40 pouces de hauteur, ſur 26 pouces de largeur. Ce Carton ſert très-peu: on l'emploie à former de très-grands porte-feuilles pour ſerrer des eſtampes, & à couvrir certains Livres, comme le Neptune François.

2°. *La grande Bible*, qui a 34 pouces de haut, ſur 23 de large, ſert pour des Atlas de très-grand papier: il faut une feuille entiere de ce Carton pour chaque côté du Livre.

3°. *Le Catholicon ſans barre*, formé de deux Catholicons ordinaires collés enſemble, de 28 pouces ſur 22. Ce Carton ne ſert guere que pour des Atlas ou certains porte-feuilles.

4°. *Le petit Ais ſans barre*, de 27 pouces ſur 20, ſert pour de grands Livres de Figures, qui ſont plus hauts, & à proportion moins larges que les *in-folio* ordinaires, tels que les Batailles du Prince Eugene, &c.

5°. *Le Saint-Auguſtin*, de 24 pouces ſur 19, ſert aux *in-folio* grand papier, comme les Cérémonies Religieuſes, ou l'Encyclopédie grand papier, & alors il exige la moitié d'un Carton pour chaque côté. Un de ces Cartons peut encore couvrir deux *in-quarto*, comme les Œuvres de Rouſſeau, édition de Paris, 1743, & quatre *in-octavo*, comme l'Anti-Lucrece de M. le Cardinal de Polignac.

6°. *La grande Bible ordinaire*, de 22 pouces ſur 16, couvre un *in-folio* ordinaire, deux *in-quarto* & quatre *in-octavo*, auſſi de papier ordinaire.

7°. *Le Catholicon ordinaire*, de 21 pouces sur 14, sert pour quatre *in-octavo*, comme les Dictionnaires portatifs, ou l'Abrégé Chronologique de l'Histoire de France, de M. le Président Hénault; pour cinq *in-douze* ordinaires, comme le Rollin, ou le Spectacle de la Nature; sept *in-douze* petit format, comme les éditions des Auteurs de Théâtre; autant d'*in-dix-huit*, & douze *in-vingt-quatre*.

8°. *Le petit Ais ordinaire*, de 20 pouces un quart, sur 13 & demi, sert encore pour un *in-quarto* grand papier, comme le Traité des Arbres fruitiers, de M. Duhamel, & pour deux *in-octavo*, aussi grand papier.

Les formes que nous venons d'indiquer pour les Cartons, ne sont point du tout indifférentes; il est nécessaire que le Relieur choisisse un Carton proportionné à la grandeur du Livre qu'il veut couvrir; sans cela il y auroit de fausses coupes, & cela occasionneroit un déchet qui augmenteroit assez considérablement les frais de la reliure.

Si le Livre est très-gros, ou si l'on veut faire une reliure propre, on colle plusieurs feuilles de Carton l'une sur l'autre, ce qui donne plus de force & plus de soutien au Livre; alors le Cartonnier fait cet ouvrage pour le Relieur: mais cela ne se pratique point pour les Cartons du petit Ais ordinaire.

§. I. *Maniere de couper les Cartons, & description de la Pointe ou Couteau qui sert à les couper.*

Les Relieurs se servent, pour cette opération, d'un outil *r z*, (*Fig. 6, Pl. X*), assez semblable à une lame d'épée, d'environ 2 pieds 6 pouces de longueur totale depuis le bout du manche jusqu'à la pointe de la lame, qui est terminée par une pointe coupante des deux côtés, & très-tranchante, afin que la coupe soit nette & sans bavure; à environ cinq pouces du bout, la lame est entourée d'un morceau de peau, pour empêcher que l'Ouvrier, en saisissant la lame par cet endroit, ne se blesse la main. Ce morceau de peau fait aussi que la lame emplissant mieux la main de l'Ouvrier, elle ne varie point, & il coupe plus sûrement. Lors donc qu'il veut s'en servir, il la saisit par cet endroit, & posant le bout du manche contre son épaule droite, il appuie fortement le bout de la lame sur son carton, il la promene en ramenant à lui le long d'une regle qu'il tient fortement assujettie de la main gauche. L'Ouvrier doit avoir soin de pencher sa pointe en jettant le manche en dehors de son corps, afin de couper son carton un peu en biais, & lui former une espece de biseau, ce qu'on appelle *lui donner du mords*. Ainsi on voit qu'en coupant une feuille, on fait deux mords en même temps, dont l'un se trouve en dessus, & l'autre en dessous du carton.

§. II. *Coupe des différents formats.*

COMME le grand Aigle ouvert s'emploie tout entier, on ne fait que rogner un peu le bord tout autour quarrément avec la pointe, c'eſt-à-dire, ſans lui donner de mords, pour ôter cette partie, qui eſt moins épaiſſe & plus foible que le reſte.

§. III. *Coupe pour* l'In-folio.

QUAND c'eſt un *in-folio* qui n'exige point un carton entier pour chaque côté, on coupe le carton en deux dans le ſens de ſa hauteur, ſuivant la ligne *C D*, (*Fig.* 1, *Pl. IX*).

§. IV. *Coupe pour* l'In-quarto.

SI on emploie du Saint-Auguſtin pour l'*in-quarto*, on fend ſon carton dans le ſens de la largeur, & on le coupe en long. Les Relieurs appellent *Fendre*, quand avec leur pointe ils coupent le carton à moitié, ſans détacher les deux parties l'une d'avec l'autre, & ſans leur donner de mords ; & quand ils donnent leurs traits de pointe aſſez avant pour détacher les deux morceaux de carton : & en lui donnant du mords, ils diſent qu'ils *coupent le Carton.*

Pour couvrir deux *in-quarto* avec un carton Saint-Auguſtin, on le fend ſuivant la ligne *A B*, (*Fig.* 2), & on le coupe ſuivant la ligne *C D* ; ainſi on a les quatre quarrés égaux *a b c d*, qui doivent ſervir pour deux *in-quarto*, un quarré pour chaque côté du Livre.

Comme le carton de grande Bible ordinaire, ſert à des formats aſſez ſemblables à ceux auxquels on emploie le Saint-Auguſtin, on voit qu'il doit ſe couper de même.

§. V. *Coupe pour* l'In-octavo.

ON fend le carton ſuivant la ligne *A B*, (*Fig.* 3) ; on le diviſe en quatre parties égales, au moyen des lignes 1, 1 ; 2, 2 ; 3, 3 : on coupe ces diviſions ſuivant les lignes 1, 1 ; 2, 2 ; 3, 3 ; ce qui donne les quatre bandes *a b c d*, qui ſont marquées d'une fente dans le milieu.

§. VI. *Coupe pour* l'In-douze.

POUR l'*in-douze* ordinaire, on fend le carton ſuivant la ligne *A B*, (*Fig.* 4) ; on le diviſe en cinq parties égales, par le moyen des lignes 1, 1 ; 2, 2 ; 3, 3 ; 4, 4 : on coupe ces quatre lignes, ce qui donne cinq bandes *a b c d e*, leſquelles, ainſi que celles de la figure précédente, ſont marquées d'une fente dans le milieu.

A l'égard du petit *in-douze*, de l'*in-dix-huit* & de l'*in-vingt-quatre*, comme nous avons dit que le Catholicon ordinaire qu'on y emploie, doit servir à en couvrir sept de ce format, pour ne pas faire de fausse coupe, & ne rien perdre de son carton, il faut faire une levée d'une bande *A B C D*, (*Fig.* 5), que les Relieurs appellent *Traverse*, ayant soin que la largeur de cette bande ou traverse, soit égale à celle que doit avoir le côté du Livre de ce format. On fend d'abord toute sa feuille suivant la ligne *G H*; ensuite on tire la ligne *C D*; puis on fend la partie restante du carton *C D E F*, suivant les lignes *N O*, *P Q*, & on la coupe suivant les lignes *I K*, *L M*, ce qui donne les quatre bandes 1, 2, 3, 4, & la levée *A B C D*, qui est fendue dans son milieu *G*.

Il faut observer que pour ces deux derniers formats, on a soin de conserver au haut & au bas du carton, un demi-pouce qui ne soit point compris dans le compassement; parce que comme les bords sont moins épais, & par conséquent plus foibles, il faudra les retrancher.

§. VII. *Battre les Cartons.*

APRÈS que le carton a été coupé par bandes d'une largeur égale à celle des côtés du Livre, on le bat sur la pierre, ayant soin de battre plus ou moins fortement, suivant que le carton est plus ou moins épais, & aussi suivant le format du Livre auquel on le destine. Un carton pour un *in-douze* se bat bien moins que celui pour un *in-folio*, qui étant plus pesant, fatigue davantage. On bat toujours du côté qui doit toucher les feuillets, & jamais sur celui qui doit être couvert par la peau. Ce battement resserrant les pores du carton, lui donne plus de consistance & de solidité; si on veut le rendre encore plus ferme, on colle sur les deux faces une feuille de papier, quelquefois même de parchemin: c'est ce qu'on appelle *Affiner le Carton*; alors il faut le battre avant que de le couper. Quand on affine le carton avec du parchemin, on le colle la fleur en dedans, sans quoi il seroit sujet à se décoller; mais on s'est rarement servi de parchemin pour affiner le carton, & aujourd'hui cette marchandise est trop chere pour qu'on pense à l'employer.

§. VIII. *Piquer les Cartons.*

QUAND les cartons ont été battus & coupés de grandeur convenable, on les perce de trous destinés à recevoir les bouts des ficelles qui font les pointes des nerfs: c'est ce que les Ouvriers appellent *Piquer les Cartons*. L'Ouvrier présente son carton sur son Livre, ayant soin de le bien partager haut & bas, ou de le mettre de maniere qu'il déborde également les bords du Livre, tant en haut qu'en bas, ou en tête & en queue. On fait avec un poinçon bien aigu, un trou *a*, (*Pl. IX*, *Fig.* 6), le plus exactement qu'il se peut, vis-à-vis & à une certaine distance de chaque nerf; cette distance doit varier suivant la grandeur ou

la

la petitesse des Livres; pour un *in-folio*, les trous doivent être à environ quatre lignes de distance du bord; pour les *in-quarto* & les *in-octavo*, à trois lignes; & pour les *in-douze*, à une ligne & demie. Cet éloignement du bord du carton, est fait pour lui donner assez de jeu en haut & en bas, pour qu'il puisse se rogner avec le Livre, ce qu'on appelle *Faire la chasse du Livre*.

Nous expliquerons cela plus en détail quand nous parlerons de la rognure.

Quand on a piqué le premier trou *a*, on en fait tout de suite un second *b*, au dessus, & aussi éloigné du premier, que ce premier l'est du bord du carton; ensuite on retourne son carton, & on pique un troisieme trou *c* sur la face battue, ou qui touche les feuillets du Livre; on le fait à-peu-près à égale distance en tout sens des deux premiers: par cette disposition ces trous forment à-peu-près un triangle *a b c*, dont les trois côtés sont égaux.

§. IX. *Passer en Carton.*

QUAND on a fait les trous au carton, on y fait entrer l'une après l'autre les pointes des nerfs, commençant de dehors en dedans par le premier trou *a*, le plus près du mords du carton, ce qui se fait à chaque trou dans toute la longueur du carton; c'est après avoir passé cette premiere fois les pointes du nerf, qu'on voit le jeu qu'il faut laisser pour faire la chasse; si la ficelle serre trop, s'il n'y a pas assez de chasse, on la lâche en faisant balancer son carton, ce qui donne du jeu à la ficelle: on entre dans le troisieme trou *c*, qui est de dedans en dehors, puis dans le trou *b*, piqué perpendiculairement au-dessus du premier, de dehors en dedans, & qui est le second de la piquure; on passe la pointe du nerf sous la ficelle, qui va du premier au troisieme trou pour l'arrêter plus fermement, & empêcher qu'elle ne coule, ce qui s'appelle *Passer en croix*; mais cela ne se pratique qu'au premier & au dernier nerf de chaque côté: on se contente, pour les nerfs intermédiaires, de coucher la pointe du nerf le long du carton. Dans les *in-folio*, autres grands Livres, & en général dans tous les ouvrages qui se font avec recherche, & pour lesquels on emploie du carton très-épais, on passe les nerfs en croix dans toute la longueur du carton.

§. X. *Cogner les Ficelles.*

QUAND on a ainsi passé tous les nerfs dans leur trou, on cogne les ficelles en frappant, avec le marteau à endosser, sur la pierre de liais, qu'on appelle *à Parer*, pour écraser les trous & applatir les ficelles, ce qui les fait, pour ainsi dire, entrer dans le carton & s'y incorporer; cela empêche que les bouts des nerfs ne coulent dans leur trou, & qu'ils paroissent au travers de la couverture du Livre. Ensuite tenant les deux cartons dans une situation horisontale, & ayant soin que les nerfs soient bien droits, on les rabaisse sur les cahiers. Si l'extrémité du côté du mords étoit gênée par les feuillets, ce qui empêcheroit que le Livre ne fermât bien, on lui donneroit un peu plus de jeu, en faisant reculer les pointes des nerfs avec le bout du poinçon.

ARTICLE SECOND.

De l'Endossement.

L'ENDOSSEMENT des Livres est une des parties la plus essentielle de l'Art que nous traitons. Comme on a souvent occasion d'ouvrir un Livre, c'est toujours par là qu'il fatigue le plus; & quand le dos est déformé, ce qu'on appelle *Cassé*, il n'y a plus moyen de le faire revenir; il faut nécessairement le donner à relier, ce qu'on doit éviter tant que l'on peut, parce qu'un Livre à sa seconde reliure, a toujours une bien plus petite marge, & par conséquent beaucoup moins de grace que celui qui n'a été relié qu'une fois. C'est pourtant la partie de la reliure la plus négligée par ceux des Ouvriers qui ne cherchent point à se distinguer dans leur Art, ou dans les ouvrages communs, auxquels on ne veut pas mettre le prix nécessaire. C'est donc un grand abus & une économie bien mal entendue de la part de ceux qui font travailler, de chercher à épargner un prix modique sur la totalité de l'ouvrage, pour se procurer une reliure mal conditionnée, & qui doit durer bien moins qu'une autre. Nous allons décrire dans cet Article, la maniere dont se fait l'endossement d'un Livre; & nous ferons voir en quoi consiste la différence d'un bon ouvrage avec du médiocre.

§. I. *Passer en parchemin.*

LA premiere des opérations de l'endossement, est de *Passer le Livre en parchemin*, c'est-à-dire, de garnir le dos de bandes de parchemin, qui seront collées dessus pour lui donner de la fermeté, & empêcher qu'il ne se rompe quand on ouvre le Livre. Ces bandes se font avec du parchemin neuf ou vieux, il n'importe; il faut seulement éviter qu'il soit trop fort, parce qu'il ne se colleroit pas aisément sur le dos du Livre. On coupe ces bandes de longueur proportionnée à la grosseur du dos du Livre, & de la largeur qui convient pour qu'elles puissent être placées entre deux nerfs, ce qui leur fait aussi donner le nom d'*Entre-nerfs*, quoique, pour parler exactement, on ne doive donner ce nom qu'à l'espace, sur le dos du Livre, qui est entre deux nerfs. Ainsi on voit que cette bande a été ainsi appellée, parce qu'elle doit être collée sur l'entre-nerf du Livre.

Il y a quatre manieres de passer en parchemin, qui toutes sont usitées à proportion de la grosseur du volume, de la solidité qu'on veut lui donner, & du prix qu'on veut mettre à l'ouvrage. La premiere & la plus commune, est celle de mettre seulement des bandes *aa* & *bb*, (*Fig.* 7, *Pl. IX*,) au haut & au bas du Livre, ou à la tête & à la queue, ce qu'on appelle *Passer en tête & queue*. De quelque maniere qu'on relie son Livre, quelque grosseur qu'il ait, quelque dépense qu'on y fasse, on passe toujours en tête & en queue. Pour cela on met son Livre à plat sur la table devant soi, le dos du côté de la main droite; de la gauche on leve doucement le carton, sans le trop forcer; on prend de la main droite sa bande de parchemin, qu'on fait entrer entre le carton & le dos du Livre, de maniere qu'elle couvre le dos à peu-près entiérement: je dis *à peu-près entiérement*, parce que comme le parchemin s'allonge toujours un peu quand on l'imbibe de colle, on lui laisse du jeu; ainsi il s'en faut environ deux lignes, que le bout de la bande ne touche le bord du dos opposé au côté par où on la fait entrer. Le bout de la bande qui reste appuyée contre le carton & qui y sera collée, s'appelle *la Garde du Livre*: on voit ces gardes (*Fig.* 8) en *a b c*. On fait la même opération à la queue avec les mêmes précautions; ensuite on retourne son Livre de maniere qu'on ait toujours les nerfs ou le dos à sa droite, & la gouttiere à sa gauche. On remet une pareille bande en tête & queue, qui doit recouvrir la premiere & être collée dessus: on colle toujours le parchemin du côté de la fleur.

La seconde maniere de passer en parchemin, est de passer *en deux milieux*, c'est-à-dire, une bande *c*, (*Fig.* 7) qui doit couvrir le second entre-nerf, & une autre *d* au troisieme entre-nerf; l'une de ces deux bandes doit se mettre à gauche *c*, l'autre à droite *d*. Cette seconde méthode donnant un peu plus de soutien que l'autre au dos du Livre, commence à approcher davantage de la perfection.

La troisieme maniere a encore son avantage; elle consiste à *Entrelacer* ou passer un parchemin simple tout le long du dos, entre chaque nerf alternativement, l'un de droite à gauche, & l'autre de gauche à droite.

La plus parfaite de toutes, celle aussi qui s'emploie pour les ouvrages de conséquence, est celle de *passer double* tout le long du dos. Elle se pratique de deux manieres différentes; car on peut passer tout du long, de la tête à la queue sans omettre aucun entre-nerf, une bande double de chaque côté qui se recouvre l'une l'autre. Mais quand les Relieurs veulent encore pousser la perfection plus loin, ils prennent deux bandes de parchemin de la longueur du Livre, une pour chaque côté; chacune de ces bandes a deux pouces & demi environ de largeur pour un *in-douze* ordinaire *A*, (*Fig.* 9); on place une de ces bandes vis-à-vis des nervures, & on fait avec un poinçon deux marques au-dessus & au-dessous de chaque nerf. Ces marques servent à couper les bandes de parchemin en autant de divisions qu'il y a de nerfs, & à faire des entailles *a b c d e* au parchemin, afin que les bandes puissent entrer entre chaque nerf. On place son Livre sur la table devant soi, comme on a fait pour passer en tête & queue; on fait entrer ces bandes ainsi découpées de dedans en dehors, en les passant entre le carton. Le reste de la bande qui demeure entier, forme ce que nous avons appellé *la Garde*, & doit être collé sur le carton, comme nous le dirons en son temps. Cette opération demande un peu plus de temps & de soins que les autres; mais aussi on sent que ces deux bandes doivent donner infiniment plus de force au Livre.

Si le Livre doit être relié à la grecque, on se sert de pareilles bandes, avec la différence que ce sont les parties échancrées qui s'appliqueront en dedans sur le carton, comme on voit en *a b c*, (*Fig.* 8); & que la partie *A*, qui n'est point coupée, se colle contre le dos du Livre; ce qui se peut, parce qu'à cette sorte de reliure les nervures ne sont point apparentes.

§. II. *Endosser.*

QUAND on a passé son Livre en parchemin, il faut l'*endosser*; & quoique cette opération pût se faire sur un seul volume, cependant on a coutume d'en réunir plusieurs ensemble: on endosse jusqu'à dix *in-douze*, quand ils ne sont pas bien gros, huit quand ils sont épais; l'*in-folio* s'endosse seul: on peut endosser jusqu'à quatre *in-quarto*; mais ordinairement on n'en met que trois.

On se sert pour endosser, 1°. d'une presse qu'on appelle *à endosser*, & qui est la même que la petite presse à presser; 2°. d'ais de bois pour mettre entre les Livres; 3°. d'un poinçon; 4°. d'une corde à endosser; 5°. du grattoir; 6°. d'un marteau qui ne differe en rien d'un marteau léger à main de Serrurier; 7o. enfin on emploie de la colle qu'on applique avec le pinceau. Nous allons décrire chacun de ces instruments, & indiquer la maniere de s'en servir.

§. III. *Description de la Presse à endosser. Planche X.*

LA Presse à endosser est composée de six pieces toutes de bois; savoir, deux jumelles *L L* & *M N*, (*Fig.* 23 & 24, *Pl. X*); deux clefs *o o*, & deux vis *m m*; chaque jumelle est formée d'un morceau de bois de chêne de trois pieds & demi de long, cinq à six pouces de large, sur quatre pouces d'épaisseur; chacune est percée à deux pouces de son extrémité, de deux entailles quarrées ou mortaises *p p*, (*Fig.* 24), pour y loger les clefs *o o*, qui servent à retenir les jumelles, & à les assembler. Ces clefs sont des morceaux de bois équarris, de deux pieds un pouce de longueur, & de deux pouces d'équarrissage, qui sont arrêtés fermement par une de leurs extrémités dans la jumelle d'en-bas *M*, à fleur de son plan de dessous (*Fig.* 24), & dont la longueur traverse la mortaise de l'autre jumelle *N*, de maniere que cette seconde jumelle puisse couler librement le long de la clef. A deux pouces en dedans, & sur la même ligne de ces mortaises dans la jumelle supérieure, sont pratiqués deux trous taraudés *s s*, de deux pouces & demi de diametre, qui servent d'écrous aux deux vis; on fait deux trous semblables *n n*, vis-à-vis de ceux qui sont à écrous dans la jumelle inférieure *M*, mais un peu plus grands pour recevoir la tête des vis. Ces vis ont deux

deux pieds & demi de longueur totale ; leurs pas ou filets ſont de deux pieds, & elles ont deux pouces & demi de diametre. La tête *q*, *q*, *q*, *q*, (*Fig.* 23 & 24), a cinq pouces de long, & trois & demi de diametre. Entre la tête & la naiſſance des pas de vis, ſe trouve un eſpace *r* (*Fig.* 24), d'un pouce, uni & ſans filets, qu'on appelle *le Blanc de la vis*, qui traverſe l'épaiſſeur de la jumelle d'en-bas ; les têtes de ces vis, à un pouce de diſtance du deſſous de la jumelle, & à un pouce & demi de leur extrémité inférieure, ſont percées de deux trous *q q*, (*Fig.* 23 & 24), diamétralement oppoſés, ou qui ſe croiſent l'un l'autre, dans leſquels on introduit une barre de fer pour ſerrer la vis.

Quand on veut monter cette preſſe, il faut arrêter d'abord le bout inférieur des clefs *o o* (*Fig.* 24) dans les mortaiſes *p p* de la jumelle inférieure *M*, les faire entrer dans celles de la jumelle ſupérieure *N* ; enſuite on introduit les vis dans les trous *n n*, de là dans les écrous *s s*, de la jumelle ſupérieure ; & faiſant tourner également ces vis, on ſerre la preſſe tant & ſi peu qu'on veut.

Les ais ſont faits de bois de hêtre ; on en emploie plus ou moins, ſuivant le nombre de volumes qu'on ſe propoſe d'endoſſer : ils ſont de différentes dimenſions, relativement aux endroits où on les met. Par exemple, ceux *C*, (*Fig.* 7) & *F*, (*Fig.* 5, *Pl. VIII*,) qui ſont l'un au commencement & l'autre à la fin du paquet de Livres, s'appellent *Membrures :* ils ont dix pouces de longueur, à peu-près quatre de largeur, un pouce d'épaiſſeur du côté du dos, & ce bord eſt quarré ; le bord oppoſé eſt rond, & a neuf lignes d'épaiſſeur. Les autres ais *E E*, (*Fig.* 8) qui ſe mettent entre chaque volume, que pour cela on nomme *Entre-deux*, ſont faits de merrain ; ils ont neuf pouces & demi de longueur, trois de largeur, quatre lignes d'épaiſſeur au côté du dos, & deux lignes au bord oppoſé.

Quand on veut endoſſer, on couche la preſſe horiſontalement, ce que les Ouvriers appellent *de Champ*, ſur les traverſes *k k* des montants du coffre *G* de la preſſe à rogner, (*Fig.* 4, *Pl. VIII*) ; (les Ouvriers appellent ce coffre *le Porte-preſſe*) ; de maniere que l'Ouvrier ait à ſa droite les têtes *q q* des vis, (*Fig.* 23, *Pl. X*). On ouvre ſa preſſe en faiſant tourner les vis ; on applique ſur la face intérieure de la jumelle *L*, (*Fig.* 23,) ou *M*, (*Fig.* 24,) une membrure *Q*, ſur cette membrure un volume *R*, le dos en haut ou du côté de l'Ouvrier, & le bord ou la gouttiere en bas, puis un entre-deux, un volume, un entre-deux, & ainſi de ſuite juſqu'au dernier volume du paquet, qu'on termine par une membrure *Q*. Alors tenant ſon paquet en reſpect de la main gauche, & prenant garde de rien déranger, on ſerre médiocrement le paquet, afin de pouvoir redreſſer ſes Livres ſi quelques-uns s'étoient dérangés. On prend enſuite de la main gauche un des poinçons à endoſſer *h*, (*Fig.* 15, *Pl. X*). Cet outil eſt fait comme les poinçons ordinaires, excepté qu'il eſt un peu plus gros & qu'il ne pique pas ; l'Ouvrier paſſe le poinçon entre les cahiers, prenant d'abord quatre cahiers du côté du carton, en commençant par la queue ; il ſouleve un peu les cahiers, & avec le marteau qu'il tient de la main droite, il frappe ſur le nerf, tantôt par la tête, & tantôt par la panne du marteau, mais toujours en arrondiſſant, c'eſt-à-dire, frappant davantage ſur les cahiers qui ſont plus près du carton, que ſur ceux qui ſe trouvent au milieu; il retourne à la tête du Livre, où il fait la même opération.

Si dans ce travail quelque Livre s'étoit un peu dérangé, il les remettroit tous d'alignement par le côté de la tête, & après avoir relevé ſon paquet de maniere qu'il déborde d'un pouce au-deſſus de la preſſe, ce que les Ouvriers appellent *Mettre hors de la preſſe*; il ſerre fortement & bien également ſa preſſe; enſuite il prend un paquet d'une corde *cablée* en trois, qu'on appelle *Corde à endoſſer*: il en faut environ trente-deux pieds pour un paquet de dix volumes *in-douze*; il fait une boucle à ſa corde, il ſerre le haut du paquet en faiſant faire ſept ou huit révolutions de corde, & il l'arrête: il releve ſon paquet de quatre pouces dehors la preſſe, & acheve d'employer le reſte de ſa corde à ſerrer le bas du paquet. Cette ſeconde ligature eſt très-néceſſaire pour empêcher les Livres de ſortir d'entre les ais, & de ſe déſendoſſer quand on deſſerrera la preſſe.

§. IV. *Coller & tremper les Dos.*

Le paquet étant ainſi ſerré, on trempe les dos avec la colle de pâte ou de farine; on peut faire cette colle avec un tiers de livre d'amidon, & une demi-once d'alun, qu'on délaye dans cinq demi-ſeptiers d'eau chaude, faiſant un peu bouillir le tout pour donner de la conſiſtance à la colle. L'alun empêche que les vers ne s'engendrent dans la colle, & n'attaquent le dos du Livre. Quand la colle eſt froide, on en met ſur le dos avec un gros pinceau ſans ménager la colle, & ayant ſoin qu'il en entre deſſous & deſſus les parchemins. On laiſſe le paquet ainſi humecté tremper pendant environ une heure, afin que la colle puiſſe pénétrer entre les cahiers. Au bout de ce temps, on gratte le dos avec un inſtrument appellé *Grattoir*: c'eſt une eſpece de ciſeau *t*, (*Fig.* 8, *Pl. X*) dont le fer eſt armé de dents; on gratte fortement du haut en bas, pour faire mieux entrer la colle entre les cahiers. Si on fait de l'ouvrage dont les papiers ſoient durs à prendre la colle, ou qui doivent éprouver de la fatigue, on ſe ſert d'un grattoir dont les dents ſont un peu plus aiguës, & même au lieu de gratter, on pique aſſez fort. On fait cette opération deux ou trois fois; on repaſſe de nouveau de la colle ſur le paquet; on le laiſſe tremper encore quelque temps, & avant que la colle ſoit tout-à-fait ſeche, on frotte les dos avec le frottoir *s s*, (*Fig.* 7). Cet inſtrument eſt de fer; il a environ huit pouces de long, & eſt enflé de près de deux pouces dans ſon milieu *s*, qui lui ſert de poignée: il reſſemble aſſez par ſes extrémités au fer d'un outil que les Menuiſiers nomment *Mouchette*, hors qu'il n'eſt point tranchant: cette figure eſt néceſſaire pour lui faire ſuivre la courbure du dos du Livre. On tient ce frottoir à deux mains;

& le tenant un peu couché, on le pousse devant soi de la tête à la queue, passant plusieurs fois sur le même endroit entre chaque nerf assez vîte, en arrondissant & appuyant fortement; mais on a grand soin de ne point toucher au nerf. On répete la même opération, avec les mêmes précautions, de la queue à la tête; après quoi on essuie tout son dos avec une poignée de rognures de papier, pour le nettoyer de la colle qui y est restée, & de toutes les ordures que le grattement y a occasionnées. On repasse légérement le pinceau sur le dos du Livre, & on couche les parchemins qui ont été passés avant l'endossure, ce qui s'appelle *Coller les parchemins*; on retire le paquet de la presse, on le porte au feu pour le faire sécher, l'y laissant jusqu'à ce qu'il devienne plus sec que moite; il ne faut cependant pas qu'il soit tout-à-fait sec; car on ne pourroit pas redresser si facilement.

Cette opération de redresser, est à peu-près la même que celle que nous venons de décrire: on se sert aussi du frottoir; la seule différence est que ce qui s'est fait dans la premiere sur le Livre mouillé, se fait à sec dans la seconde. L'Ouvrier tenant son frottoir droit, l'appuie d'un côté du nerf, & frappe dessus à petits coups redoublés avec son marteau à endosser, sur le côté opposé. Cela se fait des deux côtés des nerfs, & à tous l'un après l'autre pour les rendre droits & également distants les uns des autres, ce qui s'appelle *Redresser les nerfs*; & cela est d'autant plus nécessaire, qu'il n'est pas possible que les frottements & grattements précédents ne les aient un peu dérangés.

On laisse encore sécher le Livre; & quand il est bien sec, on le passe en colle forte: on se sert de la colle de Flandres, qu'on applique au pinceau le plus chaud qu'on peut, pour qu'elle s'insinue mieux entre chaque cahier; car il est à remarquer, que quoique le dos soit couvert aux entre-nerfs de parchemins qu'on a collés par l'opération précédente, comme cette bande ne remplit pas exactement la distance qui est entre chaque entre-nerfs, & que d'ailleurs la colle chaude fait un peu boursouffler le parchemin, il s'en insinue entre ce parchemin & les cahiers. On observe de mettre la colle bien également sur le dos & le long des mords de tous les Livres du paquet, afin que toutes les parties prennent la colle, & d'appuyer légérement le pinceau, crainte de déranger les nerfs. On met ensuite son paquet devant le feu jusqu'à ce que la colle soit parfaitement séche, après quoi on délie le paquet, & on prépare les Livres pour la rognure.

Article Troisieme.

Du Rognement.

Avant que de rogner le Livre, le Relieur colle l'une ſur l'autre les deux feuilles de papier blanc & marbré dont nous avons parlé au commencement de la couture ; enſuite on met chaque volume en preſſe entre *deux ais à preſſer*, qui ſont des planches quarrées faites de bois de hêtre ou de poirier, & d'une égale épaiſſeur dans toute leur ſuperficie ; il ne faut pas que ces ais excedent le mords du Livre, ſans quoi le dos ſe fripperoit, l'endoſſure ſeroit totalement gâtée, & le Livre ne ſeroit jamais bien conditionné. On laiſſe le Livre en preſſe environ un quart d'heure ; pendant ce temps on prépare ſa preſſe à rogner. Cette preſſe eſt commune aux Relieurs & aux Marchands Papetiers, qui ſont ſouvent obligés de vendre du papier battu & rogné : nous allons en donner une deſcription. Mais comme à bien des égards elle reſſemble à la preſſe à endoſſer que nous avons décrite ci-devant, & que les mêmes pieces ſont communes à l'une & à l'autre, nous nous contenterons de donner les dimenſions des principales pieces de celle-ci, qui ſont différentes de celles de la preſſe à endoſſer; & nous n'inſiſterons particuliérement que ſur la deſcription du couteau & de ſa monture.

§. I. *Deſcription de la Preſſe à rogner, & de ſon Couteau.*

Elle eſt, ainſi que la preſſe à endoſſer, compoſée de ſix pieces ; ſavoir, les deux jumelles *H, I*, (*Fig.* 3, *Pl. VIII*) qui ont trois pieds ſix pouces & demi de longueur, ſix pouces & demi de largeur, & cinq pouces d'épaiſſeur ; les deux clefs *MM*, qui ont un pied onze pouces de longueur, un pouce neuf lignes de largeur, & deux pouces d'épaiſſeur ; les deux vis *L L*, qui ont deux pieds quatre pouces de longueur totale. La tête de ces vis a cinq pouces & demi de longueur, & elles ont ſix pouces & demi de blanc ; ainſi il reſte un pied quatre pouces de pas ou filets de vis : ce blanc eſt creuſé en *n*, d'une échancrure ou collet de neuf lignes de largeur, qui reçoit une cheville plate ou tenon *K K*, de huit lignes & demie d'épaiſſeur, un pouce & onze lignes de largeur, & qui a autant de longueur que la jumelle a d'épaiſſeur. Cette cheville traverſe la jumelle par la mortaiſe *t t*, & entrant dans le collet *n n* de la vis, en retient le blanc ou la tête dans ſon trou. Cette cheville au reſte eſt néceſſaire, afin que les têtes des vis ſoient ſtables dans leur jumelle. La tête des vis eſt auſſi percée de quatre trous *m m*, placés à angle droit pour ſerrer la vis au moyen du barreau *x* ; un de ces trous eſt percé à deux pouces trois lignes du côté du blanc de la vis, & l'autre à deux pouces du bout.

La jumelle droite *I*, eſt renforcée en dedans par une tringle *n n* ou languette d'un d'un quart de pouce d'épaiſſeur, taillée en chanfrein, c'eſt-à-dire, en diminuant d'épaiſſeur vers la partie inférieure de la jumelle ; la gauche *H*, porte ſur ſa face ſupérieure une autre tringle *l l*, de ſept lignes de hauteur, d'un pouce de largeur, & qui diminue auſſi de largeur à la partie appliquée ſur la jumelle, ce qu'on appelle *en queue d'aronde*. Nous ferons voir l'uſage de ces deux pieces, dans la deſcription particuliere que nous allons donner du couteau.

Le couteau ou le fût ſur lequel eſt monté le couteau à rogner, eſt une eſpece de preſſe qu'on fait couler ſur celle que nous venons de décrire. Cet aſſemblage eſt compoſé de deux jumelles *N, O*, de deux clefs *Q, Q*, de la vis *R*, du couteau *P*, & du clou à vis *S*, avec ſon écrou *T*.

La jumelle *O* de la droite, qui porte le couteau, & qu'on appelle *le Talon*, a, ainſi que celle de la gauche *N*, qu'on nomme l'*Ecrou*, neuf pouces de longueur, quatre pouces neuf lignes de hauteur, & deux pouces d'épaiſſeur ; ces deux jumelles ſont aſſemblées, comme celles de la preſſe, par les deux clefs *Q Q*, qui ont un pied cinq pouces & demi de longueur totale, & elles ſont traverſées dans leur milieu par la vis *R*. Cette vis a deux pieds trois pouces de longueur depuis ſon extrémité juſqu'au bout de la poignée, laquelle a ſept pouces de longueur, & entre dans la jumelle de la droite par le trou liſſe *r* : elle a deux pouces & demi de blanc, au milieu duquel ſe trouve un collet d'environ dix lignes, pour faire place au clou *S* qui arrête la lame du couteau, & empêche encore la vis de ſortir de ſon écrou. Le deſſous de la jumelle gauche *N*, eſt creuſé dans ſa face inférieure, d'une rainure *o o* en queue d'aronde, dans laquelle entre la tringle *l l*, fixée ſur la jumelle gauche de la preſſe à rogner ; cette tringle *l l* étant taillée, comme nous l'avons dit, en queue d'aronde, ſa face la plus large répond à la partie la plus large de la queue d'aronde de la rainure faite à la jumelle *N* ; ainſi cette jumelle ne pouvant ſortir de deſſus la tringle, eſt tenue bien aſſujettie & appliquée contre la preſſe, ce qui eſt très-néceſſaire pour diriger la marche du couteau, & le faire toujours aller droit. Deſſous la jumelle droite *O*, eſt pratiquée une entaille quarrée *p*, de deux pouces trois à quatre lignes de largeur pour recevoir le talon *q* de la lame du couteau *P*, qui affleure le deſſous de ladite jumelle *O*, laquelle eſt encore percée d'un trou quarré qui la traverſe dans toute ſa hauteur, pour y introduire & y placer le clou à vis *S*, dont la tête arrête le talon du couteau.

Le couteau eſt une lame d'acier d'environ trois lignes d'épaiſſeur dans ſon milieu, & ſe réduit à une ligne ſur les côtés. La pointe ſe termine en fer de lance ; à l'égard du talon auquel la lame eſt ſoudée, il eſt de fer : il a deux pouces trois à quatre lignes en quarré.

Quand on veut monter ce couteau, on fait entrer le clou à vis *S*, dans le trou quarré qui eſt percé dans le manche du couteau ; on applique ce manche à l'entaille *p* pratiquée ſur la face inférieure de la jumelle *O*, de maniere que le côté plat de la lame affleure cette même face, & que le clou *S* entrant dans la petite mortaise quarrée *p*, arrête le collet du blanc de la vis *R*, lorsqu'on l'aura fait passer par le trou lisse *r* de la jumelle, serrant le clou à vis au-dessus de la jumelle par l'écrou *T*: on arrête fermement le couteau contre la jumelle; ensuite on fait entrer les clefs *Q Q*, d'abord dans leurs mortaises *q*, *q*, de la jumelle *O*, où elles doivent être justes & bien arrêtées; on introduit l'autre bout dans les mortaises *p*, *p*, de l'autre jumelle *N*, dans lesquelles elles doivent aller librement; on fait entrer la vis premiérement dans le trou non-taraudé *r* de la jumelle *O*, puis dans le trou à vis *g* de l'autre jumelle *N*. La petite presse qui porte le couteau étant ainsi montée, on engage la jumelle *N* avec la tringle *l l* de la presse à rogner *H*, par la rainure *o o*; alors en appuyant une main sur la poignée *R*, & l'autre sur le bout de la vis, & poussant devant soi en faisant faire à la vis un petit mouvement en avant, on serre la vis, on fait avancer la pointe de la lame vers la jumelle de la gauche, & on coupe le papier: on frotte ordinairement avec du savon sec, la tringle *l l*, pour faire mieux glisser la jumelle *N*.

Tout cet équipage est monté sur un pied composé de quatre montants *i i i i*, (*Fig.* 4, *Pl. VIII*) de bois de chêne très-simple & très-uni, retenu par dix traverses *k k k*, entre lesquelles on assemble des planches de sapin *h h*, & le tout forme une espece de coffre *G*, où tombent les rognures. Ce pied se nomme le *Porte-presse*.

§. II. *Rogner*.

QUAND la machine que nous venons de décrire est montée, on prend son Livre, on ouvre & on ferme plusieurs fois le carton d'un côté & puis de l'autre, en le faisant descendre de maniere qu'il affleure bien les extrémités des feuilles: on commence toujours à rogner par la tête; ainsi on fait d'abord descendre les cartons vers la queue; & quand on veut rogner la queue, on les repousse vers la tête, afin de faire les *Chasses du Livre*, c'est-à-dire, les bords des cartons qui excedent les feuilles par les bouts.

Cela fait, on pose le Livre dans la presse, mettant au côté où l'on finit de rogner, ou contre la face intérieure de la jumelle gauche *H*, une bande qui est ordinairement un morceau de carton de rebut; cette bande a une longueur égale à la largeur du Livre: elle est faite comme l'entre-deux des ais à endosser, c'est-à-dire, qu'elle est taillée en biseau par le bas. Ce carton doit être bien fort pour résister aux atteintes du couteau. On met le Livre dans la presse, de maniere que la bande de carton étant juste dans les mords du Livre pour ne les pas écraser, excede un peu du côté de la gouttiere, que le fort du carton soit en haut, & que le dos du Livre soit toujours tourné vers l'Ouvrier; ainsi cette bande se trouve à la fin du Livre quand on rogne par la tête, & au commencement quand on rogne par la queue; le côté droit du Livre porte sur la tringle de bois *u u*, que nous avons dit être attachée sur la face intérieure de la jumelle droite *I* de la presse.

Le tout étant ainsi disposé, on ferme la presse en serrant les vis *LL*, (*Fig.* 3) & on rogne. L'Ouvrier se met pour cet effet à un des bouts de la presse, à peu-près dans l'attitude où on le voit dans la Figure 3 de la Vignette, il pose la main droite à plat sur la poignée de la vis du fût ou couteau, & la gauche sur le bout de la même vis; il pousse & retire alternativement sa machine assez vivement, ayant soin de tourner également & petit à petit sa vis pour faire avancer & mordre la lame du couteau sur le papier; il faut avoir soin de ne faire mordre le couteau que médiocrement à la fois, & de détacher les rognures à mesure, pour éviter qu'il ne s'en glisse dessous le couteau. Ces rognures tombent dans le coffre du porte-presse, & se vendent aux Cartonniers, qui en font plus de cas que de toutes autres, parce qu'elles sont ordinairement plus propres & faites de plus beau papier. Le Livre doit être bien serré dans la presse, pour éviter qu'il varie, & afin qu'il se coupe bien droit. S'il est d'un papier dur, le couteau alors est repoussé & remonte en en-haut, d'où il arrive que le commencement d'un Livre pourroit être rogné, pendant que la fin ne le seroit pas; alors l'Ouvrier descend sa bande & le carton, afin que le Livre étant mieux pressé, il puisse le reprendre & le rogner plus également. Si au contraire le papier est mou, on le serre davantage en presse. L'Ouvrier doit prendre garde que le Livre soit rogné droit, qu'il ne soit pas plus rogné vers le dos que vers l'ouverture, ce qui s'appelle *Faire de la pointe*, ou vers l'ouverture que vers le dos, ce qui s'appelle *Faire du cul*. Si cependant ce défaut se trouvoit; quand on s'en apperçoit, on y remédie en remettant le Livre en presse, & en le rognant du côté où le couteau n'a pas assez mordu.

Quand le côté de la tête est bien rogné, on procede pour le côté de la queue avec les mêmes précautions & les mêmes soins; on fait d'abord remonter le carton de la queue à la tête; puis avant que de rogner, l'Ouvrier prend un compas, & cherche dans le courant du Livre les feuilles qui descendent le moins bas, ce qu'on appelle *la fausse Marge*; ensuite de l'ouverture de compas que donne cette fausse marge prise de la tête du Livre, on fait deux marques sur le carton, une du côté du dos, l'autre du côté de la gouttiere: on met le Livre dans la presse, toujours le dos en face de soi, la bande au commencement du Livre, comme nous l'avons dit plus haut, & on rogne. La rognure étant faite à la tête & à la queue, on tire le Livre de presse pour le rogner par la gouttiere ou le devant; on commence par chercher la fausse marge de la gouttiere; puis appuyant la pointe du compas sur le milieu de la tête du dos qu'on prend pour centre, on trace avec un crayon adapté à l'autre branche du compas, un trait en portion de cercle, qui passe un peu au-dessus de la fausse marge; on ouvre les deux cartons du Livre, on les rabat en bas, en les laissant tomber librement; ensuite on prend deux ais, un qu'on appelle *de Derriere*, qui a neuf pouces de long, environ trois de large, & quatre lignes d'épaisseur égale dans toute son étendue; l'autre ais, qui s'appelle *de Devant*, a la même longueur, la même épaiſſeur ; mais il n'a qu'un pouce de largeur, & finit en s'amincifſant comme les ais à endoſſer. Le Relieur met ſon ais de derriere à la fin du Livre, & celui de devant au commencement, le mettant juſte aux deux traits marqués ſur les deux bouts du Livre ; enſuite tenant bien fortement ſon Livre entre ces deux ais, d'abord de la main gauche, il le poſe le dos ſur la preſſe, & de la main droite appuie fortement entre le carton & le mords au commencement & à la fin du Livre, ce qui fait un peu écarter, ou en termes d'Art, *Bourſouffler* les feuillets dans la partie compriſe entre les ais & le dos du Livre. Cette opération qui s'appelle *Bercer*, applatiſſant le dos, fait remonter le haut des cahiers vers la gouttiere, ce qui fait que quoique cette partie ſoit coupée quarrément comme la tête & la queue, néanmoins quand le Livre ſera rogné & hors de la preſſe, & quand le dos reprendra ſon arrondiſſement, elle ſera creuſe ; ſans cela elle ſeroit droite comme les deux autres côtés, ce qui auroit moins de grace ; de plus, ſi l'on n'uſoit de cette précaution, quand le Livre, à force de ſervir, viendroit à ſe briſer du dos, la gouttiere prendroit de la rondeur comme le dos, ce qui ne laiſſe pas encore que d'arriver à certains Livres, qui ont beaucoup ſouffert dans cette partie ; il faut encore obſerver que ſi on ne berçoit pas bien un vieux Livre qu'on veut relier & rogner une ſeconde fois, le commencement & la fin des feuilles ſe trouveroient rognées, pendant que celles du milieu ne ſeroient ſeulement pas atteintes.

Quelques Relieurs font encore cette opération d'une autre maniere : ils tiennent les feuilles bien fermement entre les ais, & les font balancer alternativement de droite à gauche, & de gauche à droite, ce qui produit également cette bourſoufflure néceſſaire dont nous venons de parler pour faire remonter les feuillets, & faire le creux de la gouttiere.

Les *in-folio* & les *in-quarto*, ce que les Ouvriers appellent *le grand Ouvrage*, ſe rognent en tête & queue de même que les autres Livres ; il n'y a de différence que dans la rognure de la gouttiere : il faut, à cette opération, être deux ; car l'un tient les membrures, dont nous allons parler, aſſujetties pendant que l'autre frappe le dos du Livre ſur la table ; on poſe donc le dos de ſon Livre ſur la preſſe ou ſur la table ; on ouvre les cartons qu'on laiſſe tomber : on prend deux membrures, qu'on poſe ſur les cartons en dedans du Livre & le long du mords ; enſuite appuyant fortement, & frappant le dos du Livre ſur la table, ces coups répétés applatiſſent le dos ſi bien, qu'on fait remonter les feuillets du milieu. On fait cette opération de cette maniere, parce que la grandeur du volume fait qu'on ne peut pas le bercer comme un *in-douze* ; on poſe enſuite les ais à rogner comme pour l'*in-douze* ; & quand il eſt prêt à mettre dans la preſſe, on ôte doucement les membrures : le reſte de l'opération ſe fait comme pour les autres ouvrages.

§. III.

§. III. *Rabaiſſer, ou refaire le bord de la Gouttiere.*

QUAND le Livre eſt ainſi rogné ſur les trois côtés, on le tire de la preſſe, on le feuillette en gros en faiſant couler rapidement toutes les feuilles ſous ſes doigts; cela détache les feuilles, qui ordinairement tiennent enſemble, & on regarde ſi la gouttiere eſt droite; enſuite il faut rabaiſſer le carton & le couper à la pointe; car on doit ſe rappeller que l'on a rogné le carton en tête & en queue dans la preſſe, mais qu'on l'a rabattu pour rogner la gouttiere. Pour le rabaiſſer, ce qui fait le bord du devant du Livre, on prend une regle de fer qu'on met entre les feuillets & le carton, à environ deux lignes du bord des feuilles, & avec la pointe à couper le carton, on rabaiſſe le long de cette regle tenant ſa pointe bien droite; car il n'eſt pas queſtion de lui donner du mords, au contraire, il faut qu'il ſoit coupé bien quarrément.

ARTICLE QUATRIEME.

Des Embelliſſements de la Tranche.

LES embelliſſements de la tranche conſiſtent à y mettre une couleur rouge, ou une jaſpure, ou une marbrure, ſouvent une dorure; quelquefois même on y fait des petits deſſins de figures arbitraires ou ſingulieres, ce qu'on appelle *Antiquer ſur tranche.* Quoique ces couleurs & ornements ne paroiſſent que de ſimple agrément, & qu'il ſemble qu'ils n'ajoutent aucun mérite ni avantage réel au Livre, cependant je ne les crois pas tout-à-fait inutiles, ſoit pour empêcher les feuilles de s'uſer ſi promptement, ſoit pour empêcher les taches d'y paroître auſſi viſiblement que ſi la tranche reſtoit dans la couleur du papier; du moins me paroît-il sûr que certains Livres d'uſage, tels, par exemple, que ceux que nous portons aux Egliſes, ſe conſervent plus long-temps propres quand ils ſont dorés ſur la tranche, que quand ils ſont ſimplement rougis ou jaſpés, comme cela ſe pratique pour les Livres que les Libraires vendent tout reliés.

On paſſe la tranche en couleur après que le Livre a été rogné & le carton rabaiſſé. Cette opération ſe fait de différentes manieres, ſuivant le goût de l'Ouvrier, le prix de ſon ouvrage, ou la volonté de ceux pour qui il travaille.

Il y a quatre ſortes d'embelliſſements à mettre ſur les tranches, la couleur rouge, la jaſpure, la marbrure & la dorure.

De toutes les couleurs, la plus uſitée eſt la rouge; c'eſt auſſi la plus belle, & celle qui eſt le moins ſujette à changer. A l'égard de la dorure, quoiqu'on l'emploie aſſez ſouvent, on ne la fait guere que pour les beaux ouvrages. Nous allons décrire la maniere d'employer chacune de ces couleurs, dans autant de Paragraphes particuliers.

§. I. *De la Couleur rouge.*

La couleur rouge ſe fait avec environ quatre onces de colle de pâte, & quatre onces de vermillon, qu'on délaie enſemble avec deux gouttes d'huile : on met ce mélange dans un demi-ſeptier de vinaigre, & on y ajoute à peu-près autant d'eau.

Quand on veut employer cette compoſition, on met une douzaine de volumes l'un ſur l'autre, on repouſſe les chaſſes vers le côté oppoſé à celui qu'on veut mettre en couleur; ordinairement on commence par la tête, ainſi on repouſſe les cartons de la tête à la queue; on met la pile de Livres ſur un billot de bois de quatre pouces de hauteur, & on colore ſa tranche avec un pinceau de poil de ſanglier trempé dans la couleur ; on le retourne de la tête à la queue pour faire la même choſe. A l'égard de la gouttiere, on ne peut guere rougir plus de quatre volumes à la fois. On ouvre les cartons, qu'on jette du côté du dos ; on poſe tous ſes Livres ainſi ouverts, & les uns ſur les autres, ſur le billot ; on met un petit ais à rogner de derriere, ſous le premier qui touche ſur le billot, & un autre ſur celui d'en-haut ; on appuie fortement de la main gauche ſur l'ais, pour tenir le Livre en reſpect, & empêcher, autant qu'il ſe peut, qu'il n'entre de la couleur entre les feuillets, & on colore : cette couleur eſt bientôt ſeche.

§. II. *De la Jaſpure.*

Il y a deux ſortes de jaſpures, la *ſimple* & la *double* ou *mêlée* ; la ſimple ſe fait avec une des trois couleurs, rouge, bleu ou verd, qu'on choiſit au goût de la perſonne pour qui on travaille. On ſe ſert ordinairement, par préférence, de la rouge. La double ou mêlée, ſe fait avec le verd de veſſie & le rouge, ou avec le bleu & le rouge.

Pour faire telle jaſpure qu'on veut, ſoit la ſimple ou la mêlée, on met un certain nombre de volumes, qui eſt au moins de vingt, au plus trente, entre deux billots, qu'on ſerre fortement pour empêcher la couleur de pénétrer en dedans des feuilles. Si l'on n'avoit qu'un petit nombre de volumes à jaſper, comme cinq ou ſix, on les ſerreroit avec une corde entre deux ais à endoſſer; le paquet ainſi ſerré ſe poſe entre deux bancs ou tréteaux; enſuite on prend un pinceau de chiendent, qui a environ ſix pouces de tour, & cinq pouces de long; on le trempe bien d'abord dans la couleur verte ou dans la bleue, ſuivant la jaſpure qu'on ſe propoſe de faire ; on ſecoue ce pinceau à pluſieurs repriſes dans le pot, pour qu'il rende ce qu'il a pris de trop ; car il doit ne reſter que le moins qu'il ſe peut de couleur dans le pinceau, ſans quoi quand on viendroit à le ſecouer, la couleur tombant en larges gouttes, feroit de groſſes taches ; au lieu qu'elle doit tomber en une eſpece de brouillard ou de pouſſiere la plus fine qu'il ſoit poſſible. On tient le pinceau de la main droite, & de la gauche un barreau de fer, qui eſt ordinairement un des barreaux de la preſſe à rogner : on ſecoue à petits coups ſecs & répétés, juſqu'à ce que la tranche ſoit également couverte de petites taches vertes ou bleues : c'eſt l'habitude de l'Ouvrier & ſon coup d'œil, qui doivent lui apprendre à diſtribuer ſa couleur bien également ; s'il s'apperçoit qu'un endroit en ait moins pris qu'un autre, il y revient & ſecoue deſſus. On commence d'abord par la gouttiere, puis on fait la même choſe à la tête & à la queue. Quand cette premiere couleur eſt miſe, on met le rouge avec les mêmes précautions & de la même maniere que nous venons d'indiquer pour le verd.

§. III. *De la Marbrure.*

LA marbrure ſur tranche ne ſe fait point chez les Relieurs ; on porte les Livres, quand ils ſont prêts à être marbrés, chez les Ouvriers qui font le papier marbré, & qui ſe ſervent abſolument des mêmes couleurs & des mêmes mélanges qu'ils emploient pour faire leur papier. C'eſt pourquoi nous dirons peu de choſe ici des procédés qu'on ſuit pour la préparation des couleurs ſervant à la marbrure ſur tranche ; nous laiſſerons cela à traiter à ceux qui voudront donner la deſcription de l'Art de faire les papiers marbrés.

Il y a différentes ſortes de marbrures en uſage chez les Relieurs ; ſavoir, le bleu & blanc *à mouches*, le bleu & blanc *à friſons*, le bleu & blanc *à peignes* ; le bleu, blanc & rouge, qu'on appelle *ſablé* ; *la marbrure en ciel*, qui eſt blanche & rouge, mais à plus grandes taches que le ſablé ; la marbrure *à demeurer*, qui ſe fait avec ſix couleurs, le rouge, le noir, le bleu, le mordoré, le verd & le blanc. On fait encore du marbre verd & blanc à mouches, verd & blanc à friſons, du noir & blanc pour les Livres de deuil, à mouches & à friſons ; du marbre rouge & blanc, qu'on appelle *à écaille*. En général, toutes les marbrures ſe peuvent faire à peignes.

Quand l'Ouvrier a préparé & fait le mélange de ſes couleurs, il commence par marbrer la gouttiere ; pour cela il jette ſes cartons en arriere du Livre, de la main droite il ſaiſit ſon Livre le plus près qu'il peut du bord de la gouttiere ; & le tenant bien fermement ſerré pour qu'il n'entre point de couleur entre les feuillets, il le poſe tout doucement ſur ſes couleurs ; quand il juge que la tranche a pris la couleur, il rabaiſſe les cartons, poſe le Livre ſur une table & ſur la gouttiere ; il le laiſſe ſécher quelques inſtants. Quand on marbre des *in-douze* ou des *in-quarto*, on peut marbrer ſeul ; mais quand c'eſt un *in-folio*, il faut être deux ; car la longueur des feuillets empêcheroit qu'ils ne fuſſent bien ſerrés, & il ne manqueroit pas d'entrer de la couleur en dedans, ce qui ne laiſſe pas, malgré toutes les précautions qu'on prend, que d'arriver quelquefois.

Pour marbrer la tête & la queue, on pouſſe la chaſſe du Livre au côté oppoſé à celui qui doit tremper ; & alors prenant jusqu'à quatre ou cinq *in-douze* à la fois, on les trempe comme on a fait pour la gouttiere : on fait la même opération au côté opposé, & on laisse sécher son Livre.

§. IV. *De la Dorure sur Tranche.* (*Pl. XI*).

La Dorure sur tranche se fait chez les Relieurs, à l'exclusion des Doreurs, qui ont eu le droit de la faire, mais à qui elle est interdite maintenant. Quelquefois on dore sur tranche, quoiqu'elle ne soit pas marbrée ; mais quand on veut faire une belle dorure, il est nécessaire que la tranche ait été marbrée auparavant, & alors on fait une marbrure mêlée, dans laquelle on emploie quatre couleurs, le rouge, le jaune, le verd & le blanc. Ces couleurs paroissent beaucoup plus foibles que dans la marbrure à demeurer, parce que comme cette marbrure doit être raclée, la raclure enleve une partie de la couleur, ce qui affoiblit beaucoup la teinte.

Quand, au sortir du Marbreur, les Livres sont remis au Doreur, il commence par les mettre en presse ; on met ordinairement six ou huit volumes *in-douze*, quand on travaille sur le côté de la gouttiere ; & dix ou douze, quand c'est le côté de la tête & de la queue. A l'égard des *in-folio* & *in-quarto*, on n'opere que sur un seul à la fois. Si on dore un Livre neuf qui n'ait point encore été relié, on le met dans la presse sans rabattre les cartons ; on met seulement de chaque côté, entre le carton & le Livre, une tringle de bois *E* & *M*, *Fig. 9 & 10*, plus épaisse par le haut que par le bas, & qui a un bon pouce de largeur : cette tringle sert à faire serrer davantage les feuillets l'un contre l'autre à l'endroit de la tranche, parce que le dos du Livre résistant davantage par sa roideur, à l'effort de la presse, empêcheroit les bords des feuillets de se toucher bien exactement, & seroit cause que quand on mettroit la couche, il en entreroit entre les feuillets, ce qui tacheroit les marges.

Ensuite on gratte fortement la tranche avec un instrument appellé *Racloir* ; c'est une lame d'acier *C*, (*Fig. 6*), & *K*, (*Fig. 5*, *Pl. XI*), qui a environ un pied de long, & qui est plus ou moins large suivant la grosseur des volumes qu'on gratte : elle est terminée d'un côté en coupant bien taillant & arrondi *b*, pour qu'il puisse suivre le creux de la gouttiere ; & de l'autre quarrément *a*, parce que c'est le côté qui sert à gratter la tête & la queue. Ce racloir sert aussi à redresser le côté de la gouttiere, si l'on s'apperçoit qu'il n'ait pas été rogné bien droit ; & comme malgré les soins qu'on y apporte, cela arrive quelquefois, c'est ce qui fait que le côté arrondi *b* de ce racloir, est ordinairement plus usé que l'autre. Ce redressement se fait en grattant bien plus fortement le côté de la gouttiere qui n'a pas été assez rogné.

Le Livre étant bien gratté sur la gouttiere, ainsi qu'en tête & queue, on met avec un pinceau ce qu'on nomme *la Couche* ; c'est une espece de mordant, ou en en termes d'Art, *d'aſſiette*, ſur laquelle on applique l'or : elle ſe fait avec la groſſeur d'une noix environ de bol d'Arménie, la groſſeur d'un pois de ſucre en poudre ; on broie bien le tout enſemble à ſec : on y ajoute un peu de blanc d'œuf bien battu, & on broie de nouveau le tout. Cela fait, & le Livre étant fortement ſerré dans une preſſe *P*, *Fig.* 13, dont les jumelles 1 1, 2 2, ſont aſſemblées à vis ſans clefs ; on donne, avec un pinceau, une couche très-légere de la compoſition dont nous venons de parler, & on la laiſſe ſécher, ce qui demande peu de temps ; pendant cet intervalle, on coupe ſon or de la grandeur convenable à la largeur de ſa tranche ; enſuite tenant le pinceau de la main gauche, *on glaire* avec un apprêt de blanc d'œuf battu dans de l'eau ; de la droite on prend ſon or avec le compas *H*, *Fig.* 2, & on couche l'or ſur la tranche. Ce compas, qui ſert ici de couchoir, eſt de fer ; ſes branches ont 9 à 10 pouces de longueur, 3 à 4 lignes de largeur : elles ſont coudées au tiers de leur longueur, & ſont aſſemblées à charniere, dans laquelle elles jouent aiſément. Pour faire uſage de ce compas, on ouvre les branches d'une diſtance égale à la grandeur de la tranche ; on les tient aſſujetties dans cette ouverture, en mettant entr'elles le doigt index de la main droite qui tient le compas, (*Fig.* 1, *Pl. XVI*).

Dans cette poſition, on le paſſe une fois ſeulement ſur la chair du col ou ſur le ſommet du front à l'endroit des cheveux, pour lui faire prendre un peu de l'onctueux de la peau qui ſert de mordant, & fait que la feuille d'or s'attache ſur le compas ; on applique tout de ſuite cette feuille ſur la tranche, & on la fait encore mieux mordre en haleinant deſſus la couche avant que d'y appliquer l'or.

Comme tous les livrets de feuilles d'or ſont de la même grandeur, une bande priſe ſur une de ces feuilles, ſe trouve aſſez longue pour qu'il n'en faille que deux ſur la gouttiere d'un *in-douze* de grandeur ordinaire.

Toute cette opération ſe fait ordinairement, comme nous l'avons dit, le paquet de volumes étant ſerré entre les deux jumelles d'une preſſe *P*, *Fig.* 13, l'Ouvrier poſe cette preſſe ſur les bords d'un tonneau ordinaire *x*, défoncé par le haut (*Fig.* 1, *Pl. XI*, Vignette), qui ſert à recevoir les ratiſſures qui ſortent de deſſous le racloir, ce qui dégoutte des pinceaux, & même le peu d'or qui peut tomber, ainſi que les drapeaux ou chiffons qui ſervent à eſſuyer l'or, & qui ne laiſſent pas que d'en retenir, d'où les Ouvriers ſavent bien le retirer, ſans quoi ils feroient une perte aſſez marquée au bout d'un certain temps.

Quand cela eſt fait, on en fait autant à la tête & à la queue ; enſuite on met les Livres ainſi en preſſe ſur les bords d'un baquet (*Fig.* 4, Vignette), dans lequel il y a un fourneau de forme ovale avec un feu modéré de pouſſier de charbon, afin de hâter le deſſéchement néceſſaire pour pouvoir brunir l'or. Quand le paquet a reſté quelque temps expoſé ſur ce feu, l'Ouvrier tâte avec le bout de ſon pouce pour s'aſſurer ſi l'or eſt aſſez ſec, ce dont il juge quand l'or ne s'attache pas à ſon doigt, alors il brunit. Ce bruniſſement ſe fait ou avec une dent de loup, de chien, ou une agate emmanchée au bout d'un bois *D* & *L*, (*Fig.* 7 & 8). Si on ſe ſert de dents de loup ou de chien, il en faut deux, dont l'une ſoit emmanchée à droite & l'autre à gauche, pour pouvoir brunir ſans changer la ſituation de la preſſe ou du Livre, parce que ces dents d'animaux ont un angle ou une arête qui fait qu'on ne peut s'en ſervir que d'un côté; ainſi celle qui eſt emmanchée à gauche, ſert pour le côté gauche de la gouttiere, juſques vers le milieu du creux de cette gouttiere; & l'autre, emmanchée à droite, ſert pour le côté droit de la gouttiere, juſques vers le milieu de ſon creux; il faut ſur-tout bien prendre attention de manier adroitement ſa dent ou tout autre poliſſoir, pour ne pas faire des traces ou enfonçures en divers endroits, qui défigureroient extrêmement la dorure; enſuite avec un drapeau on eſſuie toute la ſuperficie de l'or.

Si on veut encore pouſſer la recherche & la magnificence plus loin, on fait ſur la tranche des ornements qu'on appelle *Antiquer ſur tranche*. Quand l'or eſt bien pris & bien ſec, on pique & on enfonce dans la tranche de petits fers pointus, mais émouſſés, & en pointillant on forme telle figure qu'on veut; ce ſont ordinairement des deſſeins courants de branches de fleurs, ou autres compartiments de traits de fantaiſie. J'ai même vu des Livres où on avoit aſſez artiſtement deſſiné des fleurs qu'on avoit peintes, & des cartouches où on avoit peint de petits ſujets en miniature; mais cela ſe fait très-rarement. A l'égard de la premiere maniere d'antiquer, outre nos anciens Livres du ſeizieme Siécle, qui, preſque tous, ſont antiqués ſur tranche, il nous en vient encore ſouvent d'Allemagne, auxquels on a ajouté ce petit ornement.

§. V. *Mettre les Signets.*

QUAND les ornements de la tranche ſont finis, on met les ſignets. Ce ſont de petits rubans de faveur, plus ou moins larges, ſuivant la groſſeur du Livre, & qu'on coupe de la longueur du Livre, mettant un pouce de plus par en-haut, & autant en-bas, pour qu'ils puiſſent excéder le bas du Livre, & être collés par en-haut ſur le dos du côté de la tête. Quand on veut qu'ils ſoient encore mieux aſſujettis, on les pique avec l'aiguille quand on fait les paſſés dont nous parlerons dans l'Article de la Tranche-file qui va ſuivre. On ſait que ces petits rubans ſervent à marquer l'endroit où on en eſt reſté quand on lit un Livre, & qu'on eſt obligé d'interrompre ſa lecture. Quoique de médiocre importance, cet ornement eſt néceſſaire, parce qu'il n'eſt pas commode de mettre un morceau de papier dans un Livre relié, & qu'il eſt fort déſagréable de faire une oreille au papier.

A certains Livres d'uſage, on met deux, trois, ou même quelquefois quatre de ces ſignets.

ARTICLE CINQUIEME.

De la Tranche-file.

QUAND la tranche du Livre eſt peinte de la couleur qu'on a jugé à propos de lui donner, & qu'elle eſt ſeche, ou quand elle eſt dorée & brunie, on tranche-file, c'eſt-à-dire, qu'on fait au haut & au bas, ou en tête & en queue de ſon Livre, les deux demi-cercles *A C* & *B D*, (*Fig.* 10, *Pl. IX*), qu'on couvre de ſoie ou de fil, d'une ſeule ou de deux couleurs. Ces deux demi-cercles, qu'on appelle *Tranche-file*, ne ſervent pas ſeulement à donner de l'ornement au Livre, ils ſont auſſi utiles pour arrêter le haut & le bas des cahiers du Livre, & donnent de la ſolidité à cet endroit de la couverture, qui eſt expoſé, ſur-tout à la queue du Livre, à frotter contre les tablettes des Bibliotheques, & empêchent que le cuir de la couverture ne s'applique trop exactement ſur les feuillets du Livre.

Cet ornement ſe fait ſur un noyau rond *aa*, *bb*, *cc*, (*Fig.* 11 & 12), plus ou moins gros, ſuivant la groſſeur des différents formats auxquels on veut l'employer; ce noyau ſe nomme auſſi *Tranche-file*, ainſi que tout l'ornement, quand il eſt achevé. On ſent bien que la tranche-file pour un *in-folio* doit être plus groſſe que celle pour un *in-douze*, & ainſi des autres formats. On fait ce noyau avec une bande de papier plus ou moins large, ſuivant la groſſeur du Livre auquel il doit ſervir; on le commence en le roulant entre les mains, enſuite on l'humecte avec de l'eau ou un peu de colle de pâte bien claire, ou même en le mouillant avec la bouche; on le roule entre deux petites planchettes minces, juſqu'à ce qu'il forme une eſpece de petite baguette de la groſſeur convenable. Ce ſont de jeunes enfants à qui on donne cette beſogne à faire, & ils ne gagnent qu'un très-modique ſalaire à cet ouvrage, auſſi n'ont-ils pas beaucoup de peine; ils en peuvent faire une prodigieuſe quantité en un jour: ordinairement la planchette de deſſus, qui leur ſert à rouler la bande ſur celle de deſſous, eſt à poignée, c'eſt-à-dire, qu'on a y cloué une petite bande de cuir étroite, dans laquelle on paſſe ſa main pour tenir fermement ſa planchette; quand la bande eſt aſſez roulée, le noyau ou tranche-file ſe trouve formé, on la laiſſe ſécher, elle prend de la fermeté, & devient dure comme du bois, ou au moins comme un fort carton. Les Relieurs ont ordinairement plein une boîte de ces tranche-files de toutes groſſeurs & de différentes longueurs.

Quand on veut tranche-filer un Livre à tranche-file ſimple *B D* (*Fig.* 10), on le met entre ſes genoux, ou mieux encore, dans une petite preſſe compoſée de deux jumelles *CC*, *DD*, (*Fig.* 13), & de deux vis de bois *EE*, *FF*; cette preſſe, qui, par ſa ſimplicité, n'a pas beſoin d'être plus amplement décrite, s'appelle *Preſſe à tranche-filer*. Avant que de mettre le Livre dans la preſſe à tranche-filer, on baiſſe les chaſſes du Livre, on le met dans la preſſe, de maniere que la gouttiere regarde la personne qui travaille, & on serre les vis pour assujettir le Livre.

On prend deux aiguillées de fil ou de soie, suivant la propreté & la recherche qu'on veut donner à l'ouvrage; on en enfile une dans une aiguille ordinaire, & on fait auprès de la tête un petit nœud à boucle *d* (*Fig.* 14), pour empêcher qu'elle ne puisse sortir de l'aiguille; au bout de cette premiere aiguillée on en met une seconde de différente couleur; ainsi supposant que la premiere soit de fil ou de soie blanche, on en met une de couleur verte, ou rouge, ou jaune, &c. On attache cette seconde aiguillée à la premiere, au moyen du nœud ordinaire de Couturiere *e*; ainsi *de*, sera l'aiguillée blanche; *ef*, la rouge. On pique son aiguille entre les cinq ou six premieres feuilles de la gauche, près du carton *o* (*Fig.* 13), par-dessus la chaînette, la faisant sortir par le dos du Livre, en *g* (*Fig.* 10); on tire l'aiguille jusqu'à ce que le nœud *e* (*Fig.* 14), arrêté dans le dos entre les feuillets du Livre, se cache en dedans & serve à faire le premier arrêt; on ramene son fil par derriere le dos, pour piquer une seconde fois l'aiguille entre les feuilles, à peu-près au même endroit où on a déja piqué, faisant sortir le fil par le dos au même endroit *g* (*Fig.* 10); mais on ne tire pas tout-à-fait son aiguille jusqu'au bout du fil, afin de laisser une petite boucle, sous laquelle on passe la tranche-file *aa* (*Fig.* 11), ou *cc* (*Fig.* 12); alors on tire son aiguillée de fil blanc, on serre le bout de la main gauche, & la tranche-file est assujettie: avant de la mettre en place, on l'a un peu courbée entre les doigts, pour lui faire prendre la rondeur du dos du Livre, comme on voit en *A C* & en *B D* (*Fig.* 10). L'aiguillée de fil rouge *ef* (*Fig.* 14), pend à la gauche du Livre sur le carton vers *o* (*Fig.* 13); on prend de la main droite ce fil, on le fait passer de la gauche vers la droite, en croisant par-dessus le fil blanc *dd*; on le passe entre les feuillets du Livre & la tranche-file, comme on voit en *eee*, pour l'entourer; passant par-dessus la tranche-file, on l'amene vers le côté droit *p* carton, & on serre de maniere que le croisement des deux bouts soit sur la tranche, comme on peut voir en *q* (*Fig.* 15). Il faut répéter avec le fil blanc la même opération que nous venons de décrire pour le fil rouge; ainsi de la main droite on prend le fil blanc *d d*, qui se trouve pendre à la gauche sur le carton du Livre, on le fait passer en croisant dessus le fil rouge *e*, on le passe dessous la tranche-file, entre les feuillets & la tranche-file, & par-dessous la tranche-file, & on l'amene vers le côté droit *p* du carton. Répétant ainsi alternativement, & croisant ces deux fils toujours de la gauche à la droite, passant par-dessus la tranche-file, on arrive au côté droit du Livre; mais avant que d'y arriver, on a soin, quand on a fait un certain nombre de points croisés, de faire une passe *h* (*Fig.* 10), ce qui se fait en repassant l'aiguille entre les feuilles, comme on a fait en *g*, mais une fois seulement; cette passe donne du soutien à la tranche-file, & lui fait prendre plus exactement la courbure du dos du Livre. On en fait plus ou moins, suivant la grosseur du Livre; mais ordinairement pour un *in-douze*, on n'en n'en fait pas moins de trois ni plus de quatre. Quand on eſt arrivé au côté droit du Livre, on fait une derniere paſſe en piquant deux fois l'aiguille, comme on a fait au commencement ; on fait un nœud *K* (*Fig.* 10), pour arrêter ſon fil, & la tranche-filure ſimple eſt finie.

La tranche-filure double *A C*, (*Fig.* 10) differe de la ſimple : 1°, En ce que la tranche-file eſt compoſée de deux noyaux, un gros *a a*, & un petit *b b*, qu'on met l'un au-deſſus de l'autre, comme on les voit (*Fig.* 11) ; le gros noyau *a a* conſerve le nom de *Tranche-file*, & le petit *b b*, s'appelle le *Chapiteau*. 2°. La maniere de faire le paſſé eſt tout-à-fait différente du premier. Nous allons eſſayer d'en donner une idée la plus claire qu'il nous ſera poſſible. Ce nœud eſt repréſenté en grand (*Fig.* 15 & 16) ; on n'a point ſerré les nœuds, afin de laiſſer appercevoir les différents tours que doit faire le fil. Il eſt inutile de répéter les préparations de cette opération, qui ſont entiérement ſemblables à celles de la premiere. Quand on a aſſujetti ſa tranche-file, on prend de la main droite ſon fil rouge *e*, (*Fig.* 15) qui pend vers le côté gauche *o* du Livre, on le croiſe par-deſſus le fil blanc *d*; on le fait paſſer vers la droite par-deſſous la tranche-file *a a*, entre les feuillets du Livre en *r*; on le rejette par-deſſus le chapiteau *b b* en *s*; puis on le ramene par-derriere le chapiteau en *t*, & on le fait paſſer par deſſus la tranche-file *a a*; en ſerrant ce nœud on fait une petite chaînette entre la tranche-file & le chapiteau, telle qu'on la voit au point *q*, (*Fig.* 15), & qu'on voit encore plus facilement en *A*, (*Fig.* 16) ; on répete la même choſe ſur le fil blanc, le reſte ſe pratique comme à la tranche-file ſimple.

ARTICLE SIXIEME.

Faire les Mords.

QUAND toutes les opérations précédentes ſont faites, on fait avec un couteau de petites échancrures *d d* (*Fig.* 6,) & *b b* (*Fig.* 17. *Pl. IX*), de deux à trois lignes aux quatre angles des cartons vers le dos, en tête & en queue, & on rabat en biſeau ces mêmes cartons du côté extérieur vers les nerfs du Livre, ce qu'on appelle *faire les Mords.*

Le Livre étant ainſi rogné, mis en carton, endoſſé, peint ſur tranche & tranche-filé, on le couvre en peau. C'eſt ce qui fera la matiere du Chapitre ſuivant.

CHAPITRE TROISIEME.

De la Couverture.

LES opérations que nous venons de décrire dans les deux Chapitres précédents, ne suffisent point pour donner à un Livre toute la solidité, la commodité & l'agrément dont il est susceptible. C'est pourquoi on le munit d'une couverture qui contribue beaucoup à sa longue durée & à sa grace. Comme les différentes especes de peaux ou de cuirs dont on l'enveloppe sont fort propres à recevoir plusieurs façons & enjolivements, elles procurent au Livre une grande propreté & élégance.

On se sert de peaux de veau ou de mouton, du maroquin, du parchemin, & même quelquefois on couvre les Livres avec du chagrin.

On voit aussi dans quelques Bibliotheques des Livres anciens, couverts de velours; mais cela ne se pratiquoit le plus ordinairement que pour des Livres d'heures, & n'est plus d'usage. On pousse la magnificence jusqu'à décorer des Livres de lames d'argent, ou de vermeil, ou d'or enrichies de pierres précieuses; mais cela n'est d'usage que dans de grandes Eglises, pour le Livre des Evangiles: & comme cette derniere maniere regarde uniquement les Orfévres, & que les Relieurs n'y ont aucune part, nous n'en parlerons point ici; nous nous en tiendrons dans ce Chapitre, à la description de tout ce qui est d'usage. Nous le diviserons en six Articles, qui contiendront les principales opérations qu'on fait pour la couverure d'un Livre; le couvrir en veau ou en basane, fouetter, défouetter, mettre les pieces blanches, & battre les cartons, mettre la couleur ou la marbrure sur les couvertures, jetter l'eau-forte, & enfin mettre les pieces pour les titres.

ARTICLE PREMIER.

De la Couverture en Veau & en Mouton.

TOUT ce que nous dirons de la couverture en veau pouvant s'appliquer à la couverture en mouton, qu'on appelle *Basane*, nous nous contenterons d'expliquer en détail, ce qui se pratique pour couvrir en veau. Nous ne dirons rien ici de la préparation des peaux de veau pour les Relieurs, & du commerce de ces mêmes peaux, parce que cet article a été traité en détail, avec beaucoup de netteté & de précision, par M. de la Lande, de l'Académie Royale des Sciences, dans son Art du Corroyeur, pages 35-43.

§. I. *Préparation des Peaux de Veau.*

ON commence par mouiller le cuir *ab cd*, (*Fig.* 17, *Pl. IX*), en le plongeant dans un ſeau d'eau propre, de maniere qu'il y trempe bien; ſi on vouloit préparer pluſieurs peaux à la fois, on pourroit les laiſſer tremper enſemble. Au bout d'un demi-quart-d'heure, ou au plus un quart-d'heure, on le retire de l'eau; on l'accroche par la tête, dont on remploie la moitié par-deſſus le crochet en dedans, en tortillant avec ce crochet la peau, & on tord fortement pour en exprimer le mieux qu'on peut toute l'eau. On retire ſon cuir du crochet, & on le bat pluſieurs fois par le côté de la tête contre une muraille; puis on le reprend par le côté de la queue; on le bat de même pluſieurs coups pour l'amortir & le détortiller, ce qui lui donne un peu de ſoupleſſe & lui fait rendre ce qui pourroit y être reſté d'eau.

Cela fait, on poſe le cuir ſur la *Douve*: c'eſt une planche *b*, (*Fig.* 21, *Pl. X*), qui a trois pieds de longueur, ſur quatorze pouces de largeur: elle eſt faite en rond du côté *b*, où le veau ſe poſe, & elle eſt plate de l'autre côté: elle a ſix lignes dans ſa plus grande épaiſſeur au milieu, & va toujours en diminuant ſur les côtés. On poſe un bout de cette douve par terre, contre une muraille ou entre deux pavés, de maniere qu'elle ne gliſſe point, l'autre bout appuyant contre la ceinture de l'Ouvrier; il étend deſſus le cuir du côté de la chair, & le ratiſſe avec une *Dague y*, (*Fig.* 16), large d'environ un pouce, & à deux tranchants un peu émouſſés. Cette dague, longue de deux pieds, porte à ſes deux extrémités, deux poignées ou manches *gg*, qui ont cinq pouces & demi de longueur, & ſont de groſſeur convenable à pouvoir être aiſément empoignées ſans gêner la main. Comme le plus ſouvent cette dague eſt faite d'une vieille lame d'épée, au lieu de manche de bois, on y fait deux poignées avec des morceaux de cuir. L'Ouvrier prend donc cette dague à deux mains, & la paſſe pluſieurs fois aſſez fortement & rapidement, par le côté tranchant, ſur la ſurface extérieure du cuir, pour en ôter ce qui y eſt reſté de l'apprêt du Tanneur. Cet apprêt s'en va ſous la forme d'une eſpece de pellicule ou bourre rouſſe. Quand on juge le cuir aſſez ratiſſé, on le porte ſur la table pour le couper.

§. II. *Coupe du Cuir.*

QUAND le cuir eſt poſé ſur la table *A A*, (*Fig.* 17, *Pl. IX*), on le tire bien tout autour pour qu'il ne faſſe point de plis. On prend le Livre qu'on veut couvrir par le côté de la gouttiere, tenant toutes les feuilles dans ſa main, & on le poſe par le dos ſur le cuir, laiſſant ouvrir les deux cartons *e e*, qui tombent & s'appliquent ſur le cuir; on met un volume *f*, la gouttiere en bas & le dos en haut ſur un de ces cartons, & contre les feuillets de l'autre Livre; par ce moyen ce dernier fait l'office d'un poids pour assujettir le Livre qu'on veut couvrir, & empêcher qu'il ne retombe. On met ainsi des Livres, c'est-à-dire deux, & quelquefois jusqu'à trois *in-douze* dans la largeur d'un cuir, observant de laisser tout autour du Livre un pouce de plus pour la partie qui doit être remployée sur le carton. Ordinairement on range ces trois *in-douze* comme on les voit dans la Figure 17; mais quand le cuir n'est pas assez large pour fournir trois *in-douze*, on retourne le Livre dans un autre sens; ainsi au lieu que les tranchefiles se regardoient, on fait regarder l'extrémité des cartons, ou bien on met à côté, ou entre deux *in-douze*, un Livre de plus petit format, afin d'avoir le moins de déchet qu'il est possible. Une peau de veau de grandeur ordinaire, c'est-à-dire, de deux pieds sept pouces de longueur de la tête à la queue, de seize pouces de largeur sur le plus large du dos, couvre un *in-folio* ordinaire, deux *in-quarto*, quatre *in-octavo*, huit ou neuf *in-douze*, douze *in-dix-huit*, & seize *in-vingt-quatre*. A l'égard des formats au-dessous de ceux-ci, les couvertures se prennent ordinairement dans les fausses coupes, ou dans les morceaux qui restent de la coupe des cuirs qui ont servi à en couvrir d'autres.

L'Ouvrier trace avec le plioir *B*, une ligne tout autour de chacun de ses volumes, ayant soin, comme nous l'avons dit plus haut, de laisser un pouce de plus pour ce qui doit être remployé sur le carton; il coupe ensuite avec de grands ciseaux *C*, une premiere bande dans le sens de la largeur du veau, c'est-à-dire, de *B* en *C*, & partage cette bande en autant de divisions qu'il a mis de volumes sur son cuir. Quand ces divisions sont faites, il rogne ce qui excede, & les réduit en quarrés à peu-près égaux. Les ciseaux dont on se sert pour couper les cuirs, doivent être fort longs de lame, & très-peu de tige, afin que donnant moins de coups de ciseau, on soit plus sûr de couper droit.

§. III. *Parure du Cuir.*

QUAND le cuir est coupé en quarrés de grandeur convenable, on le pare en ôtant les épaisseurs des bords de tout le contour de la piece, à commencer à un pouce ou un pouce & demi près du bord, pour amincir ce qui doit être remployé; on pare aussi, comme nous l'expliquerons bientôt, à la partie qui doit toucher le dos. A l'égard de ce qui est sur les plats du carton, & ne doit point être remployé, on lui laisse toute son épaisseur. Cette opération se fait sur une pierre, qu'on appelle *la Pierre à parer f*, (*Fig.* 17, *Pl. X*), avec le couteau aussi appellé *Couteau à parer* (*Fig.* 19).

La pierre doit être de liais, bien unie: elle a treize pouces de longueur, sur neuf de largeur, & deux & demi d'épaisseur. La lame du couteau *e*, (*Fig.* 19), a huit pouces de longueur, deux de largeur; elle est enveloppée d'une poignée de cuir, & le tout est emmanché d'un manche de cinq pouces de long: cette lame finit en espece de ciseau de Menuisier à deux biseaux & un peu arrondi: elle

elle doit être bien affilée; & pour l'entretenir, les Ouvriers la paſſent de temps en temps ſur leur pierre.

On met le cuir, le côté de la fleur ou du poil, qui doit faire l'extérieur de la couverture, ſur la pierre, le côté de la chair, qui doit toucher ſur le carton, étant en dehors: c'eſt celui-là qu'on pare. On tient de la main gauche ſon cuir en reſpect, & de la droite, poſant le doigt index ſur la lame, on pouſſe ſon couteau devant ſoi tout autour de la piece de cuir, en commençant du milieu vers le bord, ce qui fait que le bord eſt toujours plus aminci que l'endroit par où on a commencé; & cela doit être ainſi, attendu que c'eſt l'extrémité de ce bord qui ſera remployé ſur le dedans du carton; au lieu que la partie du cuir qui poſera ſur le bord du carton du côté de la gouttiere, doit avoir un peu de force pour ſupporter les frottements auxquels il ſera immanquablement expoſé; on pare enſuite la partie du milieu du cuir qui ſera ſur le dos, afin que le cuir, devenu par cet amincifſement plus ſouple, s'applique plus exactement contre le dos, & ſe prête aux inégalités que les nerfs forment ſur le dos quand le Livre n'eſt pas relié à la grecque. Mais quand on fait cette parure, on a ſoin de tenir ſon couteau plus couché, afin que le cuir ſoit diminué également dans toute cette partie du dos.

§. IV. *Collage du Cuir ſur le Carton.*

AVANT que de couvrir ſon carton, on le bat ſur le plat *f*, *Fig.* 17, & par dehors ſeulement tout autour des bords, ſur la pierre à battre, avec le marteau auſſi à battre; ce petit battage ſert à applatir les petites inégalités qui peuvent ſe trouver à la ſuperficie du carton, à unir les endroits qui ont été rognés par les bords, & à rabaiſſer les petites balévres que la pointe n'a pu manquer de faire au carton.

Pendant qu'on fait ce battage, qui ne dure pas long-temps, un autre Ouvrier trempe le cuir en colle de pâte, en le frottant du côté qui doit être appliqué ſur le carton avec un pinceau bien imbibé de colle; on a ſoin que la colle ſoit diſtribuée bien également, & qu'il n'y en ait pas trop; on paſſe auſſi une légere couche de colle ſur le dos du Livre & le long des deux côtés du mords, afin que le cuir prenne mieux ſur ces endroits.

On met les cartons exactement à la hauteur des tranche-files & de maniere qu'ils ne les excedent pas, ce qu'on appelle *Arranger les Chaſſes droit à la Tranche-file.* On poſe le Livre à plat ſur la peau, le carton du côté gauche, ou celui qui eſt du côté du titre du Livre ſur le cuir, laiſſant environ un doigt de bord tout autour; on ouvre ſon Livre de la main droite; on rabat le cuir ſur le carton du côté droit, ou celui qui ſe trouve à la fin du Livre. On poſe enſuite le Livre ſur la gouttiere le dos en haut, & preſſant le Livre entre ſes deux mains, on les promene en même temps de chaque côté, appuyant & tirant fortement du dos vers la gouttiere, ce que les Ouvriers appellent *Unir.*

On ne ſauroit trop bien tirer le cuir ſur le dos & ſur les plats du Livre, &

cette opération est très-nécessaire pour qu'il s'applique exactement contre le dos, qu'il n'y reste aucun pli, & en même temps fait descendre en bas ce qui auroit pu rester de trop de colle. On ôte légérement avec le doigt la colle qui est descendue du dos du Livre vers la gouttiere, & on rabat le cuir sur le dedans du carton le long de la gouttiere seulement, passant le plioir par-dessus pour l'unir & faire prendre la colle sur le carton. On prend ensuite un peu de colle entre les doigts, & on en imbibe le cuir de la tête & de la queue, qui doit être sous la tranche-file; on ouvre ses deux cartons, & posant le dos du Livre sur le bord de la table, & la gouttiere contre son ventre, on laisse tomber les deux cartons sur la table; ensuite on remploie le cuir sous la tranche-file, observant qu'il déborde de quelques lignes au-dessus de cette tranche-file; il n'est pas inutile de dire qu'en remployant ainsi le cuir de la tête & de la queue sous la tranche-file, on le rabat tout du long du bord du carton à la tête & à la queue : on pince un peu les deux bouts du cuir aux quatre angles du Livre pour les relever; on les coupe en triangle avec des ciseaux, & on les colle les uns sur les autres : il est assez indifférent que ce soit le cuir de la tête & de la queue qui soit dessous ou dessus celui de la gouttiere; cela se fait à la fantaisie de l'Ouvrier.

Il regarde si les chasses sont droites; & si elles ne le sont pas, il les redresse. Si la partie du cuir du dos, que nous avons dit qui doit recouvrir la tranche-file, étoit trop bas & ne la recouvroit pas assez, on le releveroit en pressant le cuir avec le pouce & le doigt, depuis le dernier nerf jusqu'à la tranche-file, pour faire remonter le cuir; & quand il est à la hauteur où il doit être, on arrondit avec un poinçon dans les endroits où le carton est échancré, ce que nous avons appellé *les Mords du Carton*; on rabat ensuite le cuir sur la tranche-file, en frappant doucement dessus avec le plat du plioir, ce qui s'appelle *Coëffer la tranche-file*.

ARTICLE SECOND.

Fouetter.

CELA fait, on fouette le Livre pour le faire sécher au feu. On se sert pour cette opération d'ais de bois, qui pour cette raison sont nommés *Ais à fouetter D*, (*Fig. 6*, *Pl. VIII*). Ces ais sont plus ou moins grands, suivant les différents formats auxquels on veut les faire servir; ils sont encore différents pour des *in-folio* ou pour des *in-quarto*, ce que les Relieurs appellent *le grand Ouvrage*. Les ais pour *in-folio* ont dix-huit pouces de longueur, huit pouces de largeur, un pouce d'épaisseur au côté quarré, qui doit être hors de la gouttiere, & sept lignes au bord arrondi qui doit toucher le plat du Livre; ceux pour un *in-quarto*, ont un pied de longueur, six pouces de largeur, dix lignes d'épaisseur au bord quarré, & six au bord arrondi.

Comme le grand ouvrage est toujours ce qu'il y a de plus difficile à faire, nous allons l'expliquer d'abord. Quand donc on veut fouetter des *in-folio* ou des *in-quarto*, on met ſon Livre à plat ſur la table entre deux ais *D*, (*Fig. 6, Pl. VIII*), poſés de maniere que ne couvrant que la moitié du plat de la couverture, ils excedent un peu le Livre de trois côtés; ſavoir, du côté de la gouttiere, & en tête & queue, & qu'il y ait au moins la moitié des ais qui excede la table; on prend de la corde à endoſſer, à laquelle on fait un nœud à boucle; on s'entoure la main d'une eſpece de gant de peau de baſane, pour empêcher que la corde ne coupe les mains: on appuie fortement de la main gauche ſur le Livre pour l'aſſujettir contre la table, le ſerrant le plus fortement qu'on peut de pluſieurs tours *aa*, dans le ſens de ſa longueur; après cela, on arrête un peu la ficelle en la faiſant paſſer ſous les révolutions; on releve le Livre, & on le met ſur la gouttiere toujours ſur le bord de la table, & de maniere qu'il y en ait environ la moitié qui excede le bord de la table; on prend de la ficelle dite *corde à fouet*; on l'attache ſous les premieres révolutions faites avec la corde à endoſſer, du côté de la tête ou de la queue; & paſſant par-deſſous les ais, on vient au-deſſous du premier nerf *e* de la tête ou de la queue; car il n'importe guere par quel côté on commence; puis au-deſſus du même premier nerf, croiſant la premiere révolution; on répete cette même croiſure au-deſſus du premier nerf, ce qu'on appelle *Fouetter double*: de-là on va paſſer la ficelle au-deſſous, puis au deſſus du ſecond nerf *f*; quand on eſt à la moitié du Livre on le retourne, c'eſt-à-dire, qu'on met ſur la table le côté qui débordoit, & qu'on fait déborder celui qui poſoit ſur la table; on continue à fouetter ce côté, en commençant par croiſer au-deſſous du nerf qui ſe trouve le premier, c'eſt-à-dire, au-deſſous du dernier nerf du Livre; on fouette toujours en croiſant, & quand on eſt arrivé au nerf du milieu, on fait repaſſer la ficelle ſous un des ais, en lui faiſant faire une révolution dans le ſens de la longueur du Livre, & on l'arrête en la paſſant ſous une des révolutions, ſoit au haut ſoit au bas du Livre ſelon l'endroit où elle vient à finir; car on emploie toute la ficelle, & ordinairement on en a huit aunes.

A l'égard des *in-octavo*, *in-douze* & au-deſſous, on les prépare comme le grand ouvrage; la différence conſiſte en ce que l'on ſe ſert pour les révolutions en longueur, de la corde à fouet, & pour celles en travers, d'une autre qu'on appelle *en Trois*. Quant à la croiſure, elle ſe fait comme pour le grand ouvrage, excepté que comme ces Livres ſont plus aiſés à manier, il n'eſt pas néceſſaire de les appuyer ſur la table; l'opération ſe fait à la main, & on n'eſt pas obligé de fouetter double.

Quand le Livre eſt fouetté, on prend une pince quarrée, qu'on appelle *la Pince à nerfs*, avec laquelle on rapproche les ficelles qui ſont au-deſſus & au-deſſous des nerfs, pour rendre le nerf plus étroit, plus droit & plus égal; enſuite avec le tranchant du ploir on appuie dans les angles de la tête & de la queue du côté qu'on appelle *le Mords*, proche la tranche-file, pour raccommoder ce qui peut s'être dérangé dans lacouverture, à l'endroit des tranche-files. Cette opération, ainsi que celle que nous avons décrite à la fin de l'Article du Collage du cuir sur le carton, s'appelle aussi *Coëffer*; puis on bat avec le plat du même plioir sur les chaînettes, pour applatir les passes de la tranche-file. La croisure que nous venons de décrire, ne se pratique que pour les Livres reliés à nerfs; car quand ils sont reliés à la grecque, on gâteroit le dos si on y faisoit passer les ficelles; c'est pourquoi on se contente de serrer les ais en long comme on a fait pour endosser. (*Voyez Fig. 5, Pl. VIII*).

Le Livre étant ainsi préparé, on le porte devant un bon feu de cheminée ou de poële, le mettant assez près pour qu'il se seche; mais il ne faut pas qu'il seche trop promptement, parce que trop de chaleur fripperoit le cuir dessus le dos; d'ailleurs la colle-forte, qu'on a mise lors de l'endossure, n'ayant pas le temps de se fondre, ne s'incorporeroit pas avec la colle de pâte dont le Livre a été enduit lors de la couverture, & c'est cette union des deux colles ensemble, qui donne beaucoup de fermeté au dos du Livre; d'un autre côté si le desséchement se faisoit trop lentement, les colles ne s'uniroient pas bien. Mais nous ne saurions trop répéter combien il est avantageux qu'il ne se fasse point trop brusquement.

ARTICLE TROISIEME.

Défouetter; mettre les Pieces blanches, & battre les Cartons.

QUAND le Livre est suffisamment sec, on défait les ficelles, ce qu'on appelle *Défouetter*; & s'il s'est dérangé quelque chose aux nerfs & à la tranche-file, on le raccommode; ensuite on examine le Livre sur les plats, pour voir s'il ne se trouve point quelques défauts du cuir, comme couture, trous d'enfilure, ou quelques autres trous que l'Ouvrier peut avoir faits en parant son cuir, ce qui arrive assez souvent. Quand on s'en apperçoit, on prend dans les rognures une piece du même cuir qui a servi à couvrir le Livre; on la coupe un peu plus large que le défaut du cuir; on la pare le plus mince qu'il se peut sur les bords, afin qu'elle ne fasse aucune élévation sur la couverture du Livre; on la laisse de toute son épaisseur dans la partie qui doit couvrir le trou, afin que ces deux épaisseurs de la piece & de la couverture n'en fassent plus qu'une seule. Si la piece avoit été parée trop mince dans son milieu, afin que la couverture ne fît point dans cet endroit une espece de creux, on prendroit un peu de ce qui auroit été enlevé à la parure pour le mettre dessous sa piece, & regagner ainsi ce qu'on auroit perdu d'épaisseur en parant. Comme cette opération se fait aussi-tôt que le Livre est retiré du feu, & avant que la couverture ait reçu aucun ornement, on l'appelle *mettre les Pieces blanches*.

Cela fait, on expose le Livre au feu par le côté du plat, ayant attention de ne ne pas le mettre trop près, pour éviter que le carton se cambre en dehors, ce qui feroit décoller le cuir de dessus le plat; pour cela on y regarde souvent, & on l'éloigne si l'on s'apperçoit qu'il prenne trop de chaleur. On pourroit bien, si l'on n'étoit pas bien pressé, laisser sécher le Livre tout naturellement sans le mettre devant le feu; & il faut avouer que le desséchement se feroit aussi bien d'une façon que de l'autre; mais outre qu'on est dans l'habitude de le faire sécher au feu pour aller plus vîte, cette méthode est avantageuse à cause des pieces blanches, & parce que la partie du Livre qui a été renfermée sous les ais lors du premier desséchement, n'a pu profiter de la chaleur du feu, de même que celle qui étoit du côté du dos.

Quand le Livre est suffisamment sec, on le bat sur la pierre avec le marteau dont on a parlé à l'Article de la *Batture* des cahiers: pour cela on met le côté qu'on veut battre sur la pierre, le carton sur la pierre & le cuir en dessus, tenant l'autre côté & tous les feuillets de son Livre dans la main gauche; de l'autre on tient son marteau & on commence à battre du côté du mords ou du dos du Livre, observant de ne frapper qu'à petits coups le long du mords, de crainte d'endommager le dos du Livre ou les nerfs, quand il est à nerfs apparents; au milieu & vers la gouttiere, on frappe un peu plus fort, cependant avec ménagement, autrement le cuir s'échaufferoit & se noirciroit.

Article Quatrieme.

De la Marbrure; de la Couleur qu'on met sur les Couvertures.

Quoiqu'a proprement parler, la marbrure qu'on met sur les couvertures des Livres, ne soit qu'une chose d'agrément, & ne serve point à donner de solidité à la reliure, cependant les yeux sont si accoutumés à en voir sur nos Livres, qu'il nous sembleroit que l'ouvrage ne feroit pas fini si on n'en mettoit pas; d'ailleurs cette opération est en quelque façon nécessaire pour cacher les petits défauts qui ne peuvent manquer de se rencontrer dans les peaux de veaux que l'on emploie; autrement il y auroit beaucoup de rebut, ce qui augmenteroit assez le prix de la reliure. Nous allons donc, dans cet Article, donner une idée de la maniere de faire cet ornement.

On compte sept sortes de marbrures; savoir, quatre qui se font en noir, la marbrure à l'éponge, au pinceau, soupe de lait, & veau brun; & trois qui se font en rouge, la marbrure au pinceau, à porphyre ou petites écailles, & à l'éponge. Nous traiterons de ces différentes marbrures dans autant de Paragraphes, après que nous aurons parlé de la préparation des couvertures en veau fauve.

§. I. *Des Couvertures en Veau fauve.*

On appelle couverture en *Veau fauve*, celle ſur laquelle on n'a mis aucune couleur; le cuir n'a que celle qu'il a priſe à la Tannerie. Comme à ces ſortes de couvertures on ne peut pas mettre de pieces blanches, il faut que le cuir ſoit bien choiſi, ſans aucun trou, ni la moindre égratignure. Avant que d'employer ces peaux, on a ſoin de les laver pluſieurs fois, afin qu'il n'y reſte aucune tache; enſuite quand le Livre eſt ſorti d'auprès du feu, & qu'il a été battu ſur le plat, on le lave ſur les deux plats ſeulement avec une éponge imbibée d'eau ſeconde; on ne le lave point ſur le dos ni ſur les bords, à cauſe de l'huile dont on ſe ſert pour faire appliquer la dorure, laquelle noirciroit. Par la même raiſon ſi on doit pouſſer quelques filets dorés ſur les plats, on ne les lave point non plus. Quand cela eſt fait, on dreſſe le Livre ſur le bout pour le laiſſer ſécher.

§. II. *De la Marbrure en noir.*

1°. *Marbrure à l'éponge.*

Cette marbrure n'eſt ni chere ni difficile à faire: elle conſiſte à faire fondre pour deux ſols à peu-près de couperoſe dans une pinte d'eau commune, & cette quantité de couleur ſuffiroit pour marbrer un nombre conſidérable de volumes; on trempe une éponge dans cette compoſition, & on appuie légérement à différents endroits du plat & du dos de ſon Livre, ce qui y imprime de petites taches ou eſpeces de nuages, qui, d'abord qu'on les forme, ne paroiſſent que gris, de même que la bonne encre à écrire, mais qui prennent du noir en ſéchant.

2°. *Marbrure au pinceau.*

On ſe ſert du même pinceau que celui qui a ſervi à jaſper les tranches: nous l'avons décrit dans ſon lieu. On met les Livres entre deux barres longues de quatre pieds, & d'environ trois pouces de largeur, de maniere que les feuillets pendant en bas, le plat porte ſur les barres; on trempe ſon pinceau dans le noir, & on le ſecoue de haut ſur les Livres le plus également qu'on peut, pour que les gouttes de noir qui en tomberont ſoient rondes, égales & diſtribuées le plus également qu'il ſe pourra.

3°. *Marbrure ſoupe de lait.*

On diſpoſe ſes Livres comme nous avons dit qu'on les diſpoſoit pour la précédente marbrure, & on ſecoue ſon pinceau comme on a fait à la jaſpure ſur tranche. Cette marbrure ſe fait en faiſant tomber ſur le veau une multitude de petits points très-clair-semés & très-fins. Cette marbrure cachant peu le fond du veau, il faut que le cuir soit presque aussi bien choisi que pour les Couvertures en veau fauve, & on ne peut pas y mettre de pieces blanches.

4°. *Marbrure en Veau brun.*

CETTE marbrure ne se fait pas comme les précédentes après que le Livre est couvert, parce que le noir n'entreroit que difficilement le long des arêtes du dos ou du mords du Livre; on coupe donc le veau de la grandeur du Livre qu'on veut couvrir; on le tend sur une table, & en secouant le pinceau sur une cheville de fer, on fait tomber une quantité innombrable de petites mouches noires qui cachent entiérement le fond du cuir; aussi ne choisit-on pas pour cette marbrure d'aussi beau veau, & ces sortes de couvertures sont réservées pour les Livres auxquels on veut faire moins de dépense.

Quand le cuir est sec, on le pare, & on le colle sur le carton; après que le Livre est défouetté & battu sur le plat, on le remet entre les barres à marbrer, & on jette dessus de nouveau noir; mais comme il n'est question cette seconde fois, que de remplir quelques vuides s'il s'en trouve, & de distribuer également sa couleur, on ménage les secousses du pinceau pour faire tomber moins de noir.

§. III. *De la Marbrure en rouge ou en Ecailles.*

NOUS allons décrire les trois marbrures qui se pratiquent ordinairement, ayant soin de prévenir le Lecteur, que dans toutes les marbrures en rouge, il faut glairer avant que de marbrer, à moins qu'on ne voulût mettre un peu de noir sous le rouge; car alors on commenceroit à mettre son noir, ensuite on glaireroit, puis on mettroit le rouge. Comme la marbrure en rouge ou en écailles est plus propre & plus recherchée que celles que nous avons décrites dans le Paragraphe précédent, elle demande aussi un peu plus de soin.

1°. *Marbrure en rouge ou en Ecailles faite au pinceau.*

ON commence d'abord par semer avec l'éponge quelques mouches noires plus ou moins grandes sur les plats & sur le dos du Livre; on le *Glaire*, c'est-à-dire, qu'on l'enduit d'une couche de blanc d'œuf pur, avec une éponge qui ne sert qu'à glairer; on laisse sécher cet enduit; ensuite on étend son Livre sur les barres: on prend avec le pinceau de la couleur rouge qu'on appelle l'*Ecaille*. Cette couleur se fait avec du bois de Brésil, de l'eau & de l'alun de Rome; on fait bouillir une demi-livre de bois de Brésil dans deux pintes d'eau; on y ajoute deux onces d'alun, & on fait bouillir le tout jusqu'à le réduire à moitié: on jette sa couleur (en secouant le pinceau) plus ou moins épaisse à volonté; mais sur-tout on a ſoin de la diſtribuer bien également. Quand le Livre eſt à moitié ſec ; ou, en termes d'Art, quand il eſt *Eſſoré*, on recommence à jetter de nouvelles écailles juſqu'à ce qu'on voie la couleur bien vive & bien égale, & on laiſſe ſécher ſon Livre.

2°. *Marbrures à petites Ecailles ou Porphyre.*

CETTE marbrure ſe fait préciſément comme nous avons dit que ſe faiſoit celle appellée *Soupe de lait*, excepté qu'à celle que nous décrivons préſentement, on met plus de taches rouges qu'on n'en a mis de noires à l'autre. On voit par ce que nous venons de dire, que de la marbrure ſoupe de lait, on peut en faire une à petites écailles.

3°. *Marbrure à l'éponge.*

ELLE ſe fait encore comme la marbrure noire à l'éponge ; excepté qu'on ſe ſert de deux éponges, l'une pour le noir, l'autre pour le rouge, & qu'on fait dominer la couleur rouge.

ARTICLE CINQUIEME.

Jetter l'Eau-forte.

QUAND la marbrure eſt bien ſeche, on jette l'eau-forte : cette eau eſt affoiblie dans de l'eau commune, à la doſe de deux parties d'eau commune pour une d'eau-forte. Si l'on travaille ſur de la marbrure noire, on jette ſon eau-forte avec le pinceau, comme on a fait le noir & les autres couleurs pour la jaſpure ſur tranche. Dans la marbrure rouge, on commence par glairer de nouveau & laiſſer ſécher, enſuite on jette l'eau-forte avec le pinceau.

ARTICLE SIXIEME.

Mettre les Pieces pour les Titres.

CES pieces ſont de petits morceaux de maroquin rouge ou de telle autre couleur qu'on veut, qui ont de largeur la diſtance d'un nerf à l'autre, & autant de longueur que l'épaiſſeur du dos du Livre ; on les pare le plus mince qu'il ſe peut, ſur-tout vers les extrémités. S'il n'y a qu'un volume, on ne poſe qu'une piece entre le premier & le ſecond nerf ; s'il y en a pluſieurs, on en met une autre entre le ſecond & le troiſieme nerf : c'eſt ſur la premiere qu'on met le titre abrégé de l'ouvrage, & ſur la ſeconde le numéro du volume. On ne met que très-peu de colle, afin qu'elle s'applique mieux & ne faſſe point d'épaiſſeur. Ordinairement ces pieces ſe poſent après la marbrure. Quelquefois on ne met point

point du tout de ces pieces; & le titre de l'ouvrage, ainsi que le numéro du volume, se met sur la couverture même du Livre, & toujours sur le dos. Les Anglois suivent assez cette méthode; le plus souvent aussi, pour numéroter les volumes, ils ne font que mettre des chiffres romains à l'endroit où nous mettons ces pieces.

CHAPITRE QUATRIEME.

Des Ornements qu'on fait à la Couverture.

CES ornements consistent à dorer les deux côtés plats & le dos du Livre, & à imprimer sur cet or différents enjolivements, qui se font avec des instruments appellés *Fers à dorer*; ce sont ces enjolivements plus ou moins recherchés, qui donnent tout l'agrément extérieur à un Livre, & le font servir d'ornement dans les Bibliotheques; aussi voyons-nous que des Particuliers opulents poussent fort loin la recherche à cet égard, & font charger leurs Livres d'ornements en *Dentelle*; d'autres même font faire une dorure qu'on appelle à *Compartiments*, dont nous essaierons de donner une idée à la fin de ce Chapitre. Ces magnificences ne sont guere en usage que pour des ouvrages de goût & de fantaisie; car ordinairement on se contente de dorer les deux plats, le long des bords même, & le dos du Livre. La plûpart des Livres qui se vendent dans les boutiques, ne sont dorés que sur le dos, encore quelques-uns restreignent-ils cette dorure à la piece qui porte le titre du Livre, afin que ce titre puisse être lu.

Plusieurs de ceux qui se bornent à cette simplicité, y ajoutent un ornement en dentelle qui se fait avec le fer chaud, sans dorure, tout autour du Livre sur les deux plats & sur le dos; mais cela ne se pratique guere que pour des Livres d'Eglise ou de dévotion.

Les ornements qu'on fait sur la couverture des Livres, consistent donc à y appliquer des feuilles d'or, ce qui est *la Dorure* proprement dite, à pousser sur ces feuilles des filets, ou y imprimer des dentelles.

Ces deux opérations sont précédées & suivies de quelques autres nécessaires pour mettre le Livre en état de recevoir la dorure, & lui donner le dernier lustre quand elle est finie. C'est ce que nous allons décrire dans autant d'Articles particuliers.

ARTICLE PREMIER.

Des Préparations néceſſaires pour mettre le Cuir en état de recevoir l'Or.

Il faut, dans la dorure ſur cuir, ainſi que dans toutes celles qui ſe font ſur les autres matieres, telles que le bois ou les métaux, appliquer une couche de quelque enduit, qui, faiſant l'effet du mordant, puiſſe déterminer l'or à s'appliquer & s'unir intimement avec la matiere qu'on veut dorer. Dans la dorure dont nous allons traiter, c'eſt le blanc d'œuf qui ſert de mordant.

§. I. *Glairer le Dos & les Bords.*

On bat une certaine quantité de blancs d'œufs dans un pot ; on les laiſſe ſe purifier d'eux-même pendant cinq à ſix jours, au bout duquel temps ils ont d'ordinaire jetté tous leurs germes & autres craſſes ; après avoir ôté tout ce qui ſurnage, on garde le reſte auſſi long-temps qu'on veut dans un petit godet : cette matiere devient meilleure en vieilliſſant, & on l'emploie tant que la putréfaction n'eſt pas inſupportable. Quand donc on veut glairer un Livre, il ne faut que prendre un peu de ce blanc d'œuf avec une éponge fine, & la paſſer d'abord ſur le dos, parce que c'eſt toujours cette partie du Livre qu'on commence à dorer ; enſuite on glaire le plat du côté des bords, & le côté par où le Relieur a rogné le carton, qu'on pourroit appeller *la Coupe du carton*, & qu'on appelle *le Bord* ; ſi on ſe propoſe de mettre auſſi de la dorure à cette partie de l'intérieur du plat qui excede la gouttiere, & qu'on appelle *la Bordure*, il faut la glairer.

§. II. *Paſſer l'Eponge à l'huile ou à l'eau.*

On dore ou à l'eau ou à l'huile. Pour dorer à l'huile, on frotte les endroits qui ont été glairés, avec une petite éponge trempée dans de l'huile de noix, ce qui ne ſe fait cependant que quand on s'eſt aſſuré que le blanc d'œuf eſt bien ſec. On ſe ſert d'huile de noix, parce qu'outre qu'elle gele moins que celle d'olives, elle a encore la propriété de ſe deſſécher plus promptement.

Quand on dore à l'eau, on ne fait que tremper un petit pinceau dans de l'eau commune, dans laquelle on aura délayé une très-petite quantité de blancs d'œufs, comme environ trois gouttes pour un poiſſon d'eau.

La dorure à l'eau eſt incomparablement meilleure que celle à l'huile ; auſſi pour peu qu'on ſoit délicat ſur la beauté & même ſur la durée de l'or, on ne fait jamais dorer à l'huile, à moins que ce ne ſoit de l'ouvrage extrêmement preſſé, attendu que cette maniere eſt beaucoup plus expéditive que celle à l'eau ; cependant on dore toujours le dos à l'huile, parce que comme on ne peut tirer la dorure de cette partie à la presse, on emporteroit une partie de l'or en essuyant; au lieu que la dorure sur les plats, étant tirée à force de presse, ne court point le même risque.

Article Second.

Appliquer l'Or.

Pendant que la couche de blancs d'œufs, qu'on a mis précédemment, se seche, le Doreur ouvre son livret. On sait que ces livrets, qu'on nomme *Livres d'or en feuilles*, que vendent les Batteurs d'or, contiennent chacun un quarteron de feuilles. Cet or se nomme *Or de Libraires*, & plus volontiers *Or commun*; on le nommoit autrefois *Or verd*, parce qu'en effet on ne se servoit alors que d'or verd; c'est ce qui fait que les anciennes dorures sont plus pâles que celles qu'on fait aujourd'hui.

On souleve adroitement sa feuille d'or, & on la pose proprement sans la chiffonner sur le coussin *B*, (*Fig.* 2, *Pl. XI*,) dans la Vignette. Ce coussin est une petite planche de bois d'environ un pouce d'épaisseur, sur douze de long & huit de large, couverte d'une peau de veau, dont on met le côté de la chair en haut; entre le bois & le cuir on met une garniture de bourre. On fait encore mieux cette garniture, en mettant d'abord sur la planche un lit de son, une couche de poil de sanglier, puis un second lit de son, & enfin une derniere couche de poil de sanglier, par-dessus laquelle on met le cuir, que l'on cloue tout autour des bords de la planche. Ce sont ordinairement les Relieurs qui font ces coussins, & ils ont soin de mettre le son & le poil plus épais dans le milieu que sur les bords, afin que le coussin prenne une forme arrondie. Cette garniture, & la forme qu'on donne au coussin, font que le cuir cédant par sa souplesse à l'action du couteau, il ne se coupe pas, & remonte de lui-même quand on cesse d'appuyer dessus: on frotte légérement son coussin de blanc d'Espagne, afin que l'or ne s'attache pas à la peau, & puisse être soulevé aisément. Le couteau *A*, (*Fig.* 1), bas de la Planche, est une lame d'acier ordinaire, doux, dont le tranchant doit être bien droit & assez affilé pour couper la feuille nettement & sans la déchirer.

On taille son or en morceaux quarrés ou parallélogrammes, selon l'endroit où on veut le placer; par exemple, si c'est pour le dos, on le coupe de grandeur proportionnée à l'intervalle qui se trouve entre les nerfs du Livre, puis en d'autres petites bandes plus étroites pour couvrir les nerfs mêmes.

Quand donc on veut dorer le dos, on commence par le glairer à deux fois avec le blanc d'œuf qu'on laisse sécher; ensuite on le mouille dans toute sa longueur avec l'éponge trempée dans l'huile; & prenant l'or avec le couchoir, on l'applique aussi-tôt sur cet endroit en soufflant ou haleinant dessus doucement, s'il s'y fait des bourſoufflures qui l'empêchent de ſe coucher uniment par-tout ; ordinairement on ſe ſert pour coucher l'or du couchoir *x*, (*Pl. XI*, *Fig.* 33). C'eſt un morceau de bois ou de buis, qui a environ quatre pouces de longueur, & eſt terminé par ſes deux extrémités en eſpece de chanfrein *z*; le Coucheur ou la Coucheuſe, car ce ſont ordinairement des femmes qui font cette opération, tiennent leur couchoir comme on le voit repréſenté à la Figure 2, *Pl. XVI*, & le paſſant ſur le cou ou ſur le ſommet du front pour le faire mordre, l'appuient ſur leur bande d'or, qui s'y attache auſſi-tôt, & y reſte juſqu'à ce qu'on la poſe ſur le cuir où elle demeure. Mais ordinairement au lieu de couchoir de bois, on ſe ſert, pour appliquer l'or ſur le dos, de bandes de carton ou de cartes à jouer, refendues en deux ſuivant leur épaiſſeur : on tient ces bandes en l'air par les deux bouts, les pliant en arc dont on préſente le côté convexe ſur l'or ; quand il s'y eſt attaché, on étend cette bande ſur le dos du Livre, en rabaiſſant les deux bouts ſur l'autre ſens, & on applique ainſi l'or exactement ſur le dos du Livre, qui, comme on a vu dans l'Article de l'Endoſſement, eſt toujours un peu arrondi ; c'eſt ce qui fait que les couchoirs de cartes ſont plus commodes que ceux de bois, qui, par leur inflexibilité, ne pourroient pas prendre la courbure du dos; ſi l'or a de la peine à s'attacher à la carte, on la fait prendre ou *Happer* en la paſſant ſur la joue ou ſur le plat de la main.

Quand on a couvert d'or tout le dos, & qu'on en a remis bien ſoigneuſement aux endroits où il en manque, on y applique *les Fers*, pour imprimer en or les ornements qu'on veut faire aux Livres ; mais comme ces fers varient autant que les ornements, nous nous contenterons d'en décrire quelques-uns des principaux de ceux dont on ſe ſert le plus communément.

ARTICLE TROISIEME.

Des Fers en général.

Les Relieurs appellent ainſi des outils de cuivre fondu, qui ſervent à imprimer ſur l'or différents agréments, comme broderies, dentelles, fleurs, filets ou armes, & ce ſont ces ornements qui font proprement ce qu'on appelle *la Dorure des Livres*. De ces fers, les uns ſont *à palettes*, (*Fig.* 15, 16, 17 & 18, *Pl. XI*), les autres à *roulette*, (*Fig.* 30, 31 & 32); d'autres enfin ſont en *Ecuſſons*, (*Fig.* 19, 20, 21 & 34). Les Relieurs doivent encore avoir des alphabets de diverſes groſſeurs pour mettre les titres ſur les dos des Livres, à proportion de la grandeur & de la groſſeur des volumes. Ce ſont des pieces de cuivre fondu *a*, (*Fig.* 28 & 29), de la figure des caracteres ou lettres de l'alphabet, qui ſont gravées en relief & à l'envers, afin qu'elles impriment l'or en creux & à droite ſur le cuir ; chacune de ces lettres a une tige *b*, aſſez longue pour être emmanchée dans un morceau de bois *o*, afin qu'on ne ſe brûle pas

en

en faisant chauffer la lettre dans le fourneau. On a des boîtes garnies de ces alphabets complets, & aussi quelques suites des neuf chiffres Arabes; mais on a peu d'occasion de s'en servir, parce qu'ordinairement les numéros des volumes se mettent en chiffres Romains.

Les palettes sont à filets ou à bordures; celles à filets *a b*, (*Fig.* 15 & 16), sont emmanchées comme les alphabets; mais au lieu de porter une lettre à un bout, elles sont applaties à peu-près comme un racloir, & finissent en espece de couteau, ensorte qu'il n'y reste tout du long du bord, que l'épaisseur d'un petit trait ou d'un tranchant émoussé, pour marquer seulement un petit filet en appuyant sur le cuir. La longueur de ce filet varie; mais ordinairement on les tient plus longs que l'épaisseur du dos des Livres.

Les palettes à bordures, (*Fig.* 17 & 18,) sont emmanchées comme celles à filets; mais elles sont de figure quarrée ou triangulaire; celles de figure quarrée s'appellent *Fers à dos*, parce qu'elles servent pour les dos; & celles de figure triangulaire se nomment *Coins*, parce qu'elles servent pour les coins tant du dos que du plat de la couverture: l'extrémité de ces sortes de fers, au lieu de finir en tranchant, est terminée par une surface plane gravée de quelques ornements selon les idées du Graveur, comme fleurs, vases ou dentelures propres à mettre le long des nervures, sur le dos des Livres, dans les milieux des entre-nerfs, & dessus le plat ou sur le bord de la couverture.

Les roulettes *l m n*, (*Fig.* 30, 31, 32), sont en effet des roulettes de cuivre, qui ont depuis un pouce jusqu'à deux de diametre, & trois lignes d'épaisseur dans le milieu: elles sont percées dans leur centre, & tiennent par un clou rivé par les deux bouts dans les deux branches d'un fer fourchu, entre lesquelles elles tournent librement; ce fer peut avoir telle longueur qu'on veut entre le centre de la roulette & le bois où il est emmanché; cela dépend de la volonté de chaque Ouvrier, les uns aiment les fers plus courts, les autres plus longs, de même que plus ou moins courbes au-dessus de la roulette, selon que chacun le trouve plus commode à sa main. Il faut seulement observer que si les fers sont trop courts, le manche de bois est plus sujet à se brûler quand on les chauffe. De ces roulettes, quelques-unes finissent en couteau tout autour de la circonférence pour ne marquer qu'un filet; d'autres ont deux filets paralleles, séparés par une rainure; d'autres en ont trois aussi paralleles, mais alors le filet qui occupera la partie intérieure du plat de la couverture, doit, pour plus de grace, être inégalement distant des deux autres; d'autres roulettes sont gravées à la circonférence & en relief de telles figures & ornements qu'on veut, comme dentelures, roses, vignettes, fleurs, pour pousser tout du long facilement & exactement un ornement continu de diverses figures répétées, qui ne viendroit jamais avec la même grace & la même régularité, s'il falloit les faire avec des fers séparés: cela s'appelle du nom général de *Bordures*.

Il faut encore ce que nous avons nommé des *Armes*, & sous ce nom nous comprendrons d'autres fers qui ne sont point en effet des Armoiries ou des Blasons, mais quelquefois de simples devises, des cartouches, des vases, des dentelles, en un mot des ornements qui occupent les milieux des couvertures, (*Fig.* 5, 6, *Pl. XII*). Nous rangerons encore dans cette classe des fers qu'on nomme *Plein-or*, qui, d'une seule piece, forment le tour de la couverture *Fig.* 4, & dont on remplit le milieu par un autre fer tel que le vase de la figure 6, ou les armoiries de la figure 5, pour les Livres dont on veut dorer toute la couverture. La raison pour laquelle nous comprenons tous ces fers dans la même classe que les armes, est que les uns & les autres sont montés de même, & se tirent avec le secours de la presse (*Fig.* 24, *Pl. XI*). Ces fers sont gravés de relief & à l'envers; ils sont de différentes épaisseurs suivant leur grandeur. Au côté opposé à celui qui est gravé, on a ménagé deux tenons *b b*, (*Fig.* 34), qu'on fait entrer dans les trous 1, 2, d'une monture *f*, faite de plusieurs morceaux de carton collés l'un sur l'autre (*Fig.* 20): ces cartons font que quand on imprime ces fers, le coup de la presse est moins dur, & que les ornements se marquent mieux.

Pour toutes ces sortes de fers, il faut des brosses *q*, (*Fig.* 27), afin de les nétoyer, & plusieurs torchons ou lambeaux de linge fort usé, pour essuyer le cuir qu'on a doré: on les nomme *Drapeaux*; c'est avec ces drapeaux que l'on conserve tout l'or superflu qu'on enleve de la dorure, & qui excede de beaucoup celui qui reste sur le cuir.

§. I. *Maniere de dorer avec les Fers à Palettes & à Roulettes.*

PENDANT qu'on a fait les préparations nécessaires que nous avons décrites dans l'Article second, pour appliquer l'or, on fait chauffer ses fers dans une espece de petit fourneau ou cheminée *C*, (*Fig.* 3, *Pl. XI*), à la Vignette, dans laquelle on brûle du charbon; car ces fers ne peuvent servir qu'ils n'aient un certain degré de chaleur qui amortisse le ressort du cuir, & fasse qu'en les y enfonçant, leur impression demeure en creux pour toujours, ce qui n'arriveroit jamais en les appliquant à froid; cependant il est bon de s'assurer de leur degré de chaleur; pour cela on les plonge légérement dans l'eau, où ils ne manquent pas de rendre quelque sifflement s'ils sont trop chauds; mais si en les y replongeant une seconde fois ils ne sifflent plus, & qu'en les maniant ils ne brûlent point les doigts, ils sont en état de servir sur le cuir doré à l'eau: on pousse les fers plus chauds pour la dorure à l'huile que pour celle à l'eau; c'est pourquoi pour cette derniere, il suffit de pouvoir manier les fers du creux de la main, au lieu que pour la dorure à l'huile on ne les applique point que préalablement on ne les ait plongés dans l'eau.

On commence ordinairement par la roulette à filets, qu'on fait rouler, en l'appuyant assez ferme, sur toute la longueur du dos, ce qui marque un filet *a b* ou deux de chaque côté, (*Fig.* 1, *Pl. XII*) ; enſuite avec la palette à filets, on fait au-deſſous de la tranche-file de la tête & de la queue, & au-deſſus & au-deſſous de chaque nervure, un autre filet *c d*, *e f*, *g h*, (*Fig.* 2), de ſorte que chaque eſpace d'entre-deux nervures, ſe trouve être un parallélogramme rectangle *c d e f*, bordé de quatre lignes d'or ; cet eſpace ſe nomme l'*Entre-nerf* ; aux quatre coins de ces entre-nerfs on enfonce les fers, qu'on nomme *Coins c*, (*Fig.* 17, *Pl. XI*) ; au milieu d'entre ces quatre coins, on applique les fers qu'on nomme *Fers à dos*, *d*, (*Fig.* 18, *Pl. XI*), qui forment les bouquets (*Fig.* 2, *Pl. XII*), ou autres ornements à volonté ; puis ſur chaque nerf on applique une palette à bordures, (*Fig.* 16, *Pl. XI*), pour faire les ornements repréſentés en *e f*, *i i*, *l l*, *m m*, *n n*, (*Fig.* 2, *Pl. XII*) ; quelquefois auſſi on ſe contente d'y appliquer une palette à filet pour faire le filet *m m*, (*Fig.* 2) ; enfin aux deux extrémités haute & baſſe *o o* du dos, on applique une palette à bordure plus ou moins large, ſuivant le deſſin qui ſe trouve convenir le mieux, & ſelon la place qui reſte à dorer.

Le dos étant ainſi achevé, on dore le plat ſi l'on veut ; & ordinairement après avoir couché, on fait ſécher l'or : on ſe ſert de roulettes à filets *m*, (*Fig.* 31, *Pl. XI*). Cet or ſe met tout du long des quatre côtés du plat par bandes plus ou moins larges, ſelon la quantité de filets qu'on veut mettre, ce qui s'appelle *Mettre des filets en plat.* Quand on pouſſe de ces filets ſur le plat, celui qui eſt extérieur ſe fait à environ une ligne du bord des trois côtés rognés, & un peu plus loin du quatrieme côté *a b*, (*Fig.* 1), qui eſt celui du mords ; le filet intérieur eſt du double plus éloigné des deux autres, que ces deux ne le ſont entr'eux, ce qui donne un peu meilleure grace au parallélogramme que forment ces lignes, & cela imite en quelque façon les moulures qu'on fait aux bordures des tableaux ; ſouvent auſſi les filets ſont à égale diſtance. J'ai même vu un Livre où c'étoit le filet extérieur qui étoit le plus diſtant des deux autres, & cela n'avoit pas moins bonne grace. Quelquefois on ſe contente de mettre une petite roſette ou fleur à la réunion des lignes de filets aux quatre coins de la couverture ; mais quelquefois auſſi on met à un pouce ou un pouce & demi en dedans de la premiere bordure, trois ſemblables filets, qui ſont comme une bordure en dedans de la premiere, ce qu'on appelle *Mettre des filets en champ* ; alors au bout de chacun des quatre angles extérieurs, on met quelques vaſes, fleuron ou bouquet qui en augmente l'agrément ; on enrichit encore de vignettes, fleurons, &c, l'eſpace qui ſe trouve entre les filets en plat & les filets en champ. Les filets, ſoit doubles, ſoit triples, pourroient ſe pouſſer avec une roulette à filets ſimples ; mais comme il ſeroit plus difficile de les eſpacer également & dans une agréable proportion, on a trouvé bien plus commode de ſe ſervir de roulettes qui portent le nombre de filets qu'on veut faire. Si l'on veut dorer la coupe *a b*, (*Fig.* 3, *Pl. XII*) de la couverture, ce qu'on nomme *le Bord*, cela ſe fait par le moyen d'une roulette ou à filets ou à bordure, auſſi bien que pour cet autre espace *c d*, (*Fig.* 1), en dedans de la couverture, qui excede la tranche du Livre, qu'on nomme *Bordure*, & qui se dore aussi avec de pareilles roulettes: les Livres qui ont ces ornements, s'appellent *Reliés à filets avec bord & bordure.*

§. II. *Maniere de dorer avec les Fers en Ecussons ou Armes.*

Nous avons dit que les Relieurs avoient des fers qu'ils nomment *Armes* ou *Ecussons.* Ces fers leur servent ou pour imprimer en effet des Armoiries avec leurs supports, pieces d'honneur, devises & autres accompagnements relatifs au Blason, ou bien pour mettre au milieu des Livres des ornements tels que vases, feuillages ou autres; il arrive très-souvent qu'on se contente de mettre des Armes seulement au milieu de la couverture, telles que celles de la Figure 5, ou le vase de la Figure 6, sans y ajouter les autres ornements qu'on voit sur ces deux Figures tout autour de la couverture; alors tout le travail se réduit à coucher une feuille d'or un peu plus grande que l'arme dans le milieu de la couverture; on applique son arme dessus le Livre, & on met le tout sous la presse *u*, (*Fig.* 24), qu'on serre assez fortement pour imprimer ces ornements.

Mais quand on ne veut rien épargner, on dore tout le plat de la couverture en divers desseins. Ces ornements sur les Livres *in-octavo* & au-dessous, se font avec les Plein-or, qui sont des fers gravés de la grandeur des différents formats, (*Fig.* 4, 5 & 6), qu'on pose sur l'or appliqué sur la couverture, & qu'on imprime à la presse de même que les armoiries, ayant soin de presser assez fortement & bien également, pour que toutes les parties du dessein soient également bien imprimées. A l'égard des *in-folio* & *in-quarto*, comme il seroit difficile de faire agir également sa presse sur d'aussi grands fers, on ne se sert point de Plein-or, mais d'autres fers qui sont montés comme ceux qu'on nomme *Ecussons*; on en emploie plus ou moins, selon la grandeur du volume, les uns sont des coins *b b*, *g f*, qui se mettent en effet aux angles de la couverture (*Fig.* 5), les autres des grands milieux *d h*, parce qu'ils se mettent dans le milieu de la longueur; les *petits milieux*, *a c*, se mettent dans le milieu du petit côté, ou au haut & au bas; enfin on met quelquefois entre les coins & les grands milieux, d'autres petits fers *c c*, *i i*, qui servent à remplir les vuides entre ces principales pieces: on les fait moins larges, pour donner plus de jeu aux milieux & aux coins.

Comme il faut tâcher de perdre le moins d'or qu'il est possible, on taille ses bandes de grandeur à peu-près proportionnée à celle de l'écusson sous lequel elles doivent être; & comme les fers qui ont servi d'un côté, comme à la droite *b*, de la Figure 5, doivent servir à la gauche *g* ou *f*, on commence par appliquer l'or tout autour; ensuite on tire ses quatre coins successivement l'un après l'autre; on prend avec un compas bien exactement le milieu du grand côté de son Livre; on pose son grand milieu *d*, que l'on tire; on fait la même chose

à

à l'autre grand côté *h*, & de même pour les deux petits milieux *a e*; on remplit les vuides entre les coins & les grands & petits milieux, par les petits fers *c c*, *i i*, & la dorure est faite.

Il faut cependant avouer qu'il est rare que ces dorures si pleines, aient un aussi bel effet à la vue, que de plus simples, conduites avec goût. Ordinairement quand on fait de ces magnifiques reliures, au lieu des feuilles de papier marbré appellées *Gardes*, que nous avons dit *Chapitre I*, *Art. V*, qu'on colloit en dedans de la couverture, on met une étoffe de soie appellée *Tabis*, qu'on emploie tout de même que le papier marbré. On voit encore d'autres Livres, auxquels, au lieu de gardes de papier ou de soie, on met en dedans de la couverture une piece de maroquin rouge ou d'autre couleur, qu'on orne d'une dentelle d'or; & alors au lieu de la seconde feuille de papier ou d'étoffe, on met une feuille de papier doré & lissé. Voilà quel est ordinairement le plus grand ornement dont on charge les couvertures des Livres; cependant il y a encore une parure plus recherchée, c'est celle qu'on nomme *la Dorure à compartiments*, dont nous allons donner une idée succincte dans le Paragraphe suivant.

§. III. *Maniere de faire la Dorure qu'on appelle à* Compartiments.

ON commence par couvrir son Livre en veau blanc, ou en maroquin de couleur, ou en tel autre fond qu'on veut; il faut seulement que le cuir soit le mieux choisi & le plus exempt de tous défauts, trous ou taches, qu'on puisse se procurer. Quand le cuir est bien sec, on pose dessus un dessein tel qu'on le veut exécuter, dont les différentes parties sont colorées; on calque ce dessein sur le veau, & sur ce calque on colle des morceaux de maroquin teints en diverses couleurs & de toutes les teintes; on pare ces peaux le plus mince qu'il est possible, de maniere qu'on puisse voir le jour au travers; on les taille en morceaux de la grandeur des parties du dessein qu'ils doivent représenter, & on les colle avec de la colle de farine sur la peau, mettant très-peu de colle pour ne point faire d'épaisseur; quand ces morceaux sont collés, on met le Livre en presse pendant un certain temps, pour qu'ils s'unissent & ne fassent plus, pour ainsi dire, qu'un seul corps avec la peau qui fait le fond. Ainsi dans la Figure 1 de la *Pl. XII*, dont le veau du fond *a*, doit paroître dans sa couleur naturelle, on colleroit des pieces de maroquin *b b*, un peu plus grandes que les différentes parties du dessein; ensuite on dore tout ce qui est couvert de dessein, de même que toute la partie *c c*, qui est semée de petits points, avec la pointe d'un fer de cuivre, fait en espece de poinçon obtus ou d'aiguille, que les Dessinateurs appellent *Calquoir*; on recherche par-dessus cet or le contour des fleurs, rinceaux, feuillages & autres parties du dessein, suivant exactement ces contours pour les circonscrire d'un filet d'or qui en termine l'extrémité; on marque aussi le tour des graines *e e*, les queues *ff*, & les petites aigrettes *g g*, qui surmontent les fleurs; c'eſt auſſi avec ce même fer qu'on trace dans les milieux des feuilles les lignes qu'on appelle *Arêtes* ou *Nervures i i*, & les cotons *l* : quand tout cela eſt fait, on eſſuie & on découvre ſon deſſin.

Voilà donc notre Livre couvert & doré : il n'eſt guere loin de ſa perfection; cependant il n'eſt pas encore en état d'être livré. Il reſte encore quelques opérations, qui, quoique peu difficiles, n'en ſont pas moins néceſſaires. Ce ſera la matiere du cinquieme Chapitre.

CHAPITRE CINQUIEME.

Des Opérations qu'on fait au Livre quand il eſt couvert & doré.

CES opérations conſiſtent à coller les gardes, mettre en preſſe, glairer les plats, polir, cambrer & tirer les ſignets, enfin cogner les quatre coins du carton. Elles ſont ſi ſimples & ſi aiſées, qu'il nous paroît preſque ſuperflu d'inſiſter beaucoup ſur chacune d'elles; ainſi nous allons les décrire très-ſommairement.

ARTICLE PREMIER.

Coller les Gardes.

ON doit ſe ſouvenir que nous avons appellé *Gardes*, une feuille de papier blanc & une de papier marbré pliées en deux, qu'on met au commencement & à la fin du Livre avant que de le coudre, de maniere qu'une moitié de la feuille de papier blanc doit toucher le frontiſpice ou le premier feuillet du Livre, & l'autre moitié ſe colle ſur le revers de la feuille de papier marbré. On commence donc par coller la feuille de papier blanc ſur celle de papier marbré, pour lui donner du ſoutien; enſuite on colle l'autre moitié de la feuille de papier marbré contre le carton qui forme la couverture du Livre; ainſi en ouvrant ſon Livre par le carton, on voit à ſa main gauche un feuillet de papier marbré collé ſur le carton, ſur lequel ſe couche l'autre feuillet marbré, qui eſt renforcé de papier blanc, & l'autre feuillet de papier blanc, qui couvre le frontiſpice du Livre, eſt ſimple.

On fait la même opération à la fin du Livre; & dans toute cette opération on a ſoin de ne pas mettre trop de colle, mais de la bien diſtribuer pour que les gardes ſoient bien exactement collées, & de prendre garde qu'il ne s'y forme des plis.

Article Second

Mettre en Presse.

Quand les gardes sont collées, on met les Livres dans la grande presse, si ce sont des *in-folio* ou des *in-quarto*, & dans la presse à endosser si ce sont de plus petits volumes. Quelques Relieurs ont même une autre presse faite de même que la grande, mais beaucoup plus petite.

La grande presse (*Fig. 26, Pl. X*), est composée de neuf pieces, non compris le barreau de fer qui sert à tourner la vis; savoir, deux jumelles *D E*, deux sommiers *F C*, deux pieds *B B*, portant les jumelles, une vis *G*, une longue piece *H*, & une platine *I*; les deux jumelles *d d* ou *D E*, sont deux morceaux de bois de chêne de sept pieds de hauteur, de huit pouces de largeur sur cinq d'épaisseur, qui portent chacun sur leur largeur en dedans, une rainure (marquée *g g* sur la jumelle *D*), de trois pieds de long, sur deux pouces de large & autant de profondeur; cette rainure sert à faire monter & descendre la platine *I* ou *h*. A un pied du sommet de ces jumelles, & dans leur épaisseur, est une double entaille *h h h h*, vis-à-vis l'une de l'autre, de sept pouces environ de haut, sur un & demi de profondeur, pour emboîter le sommier d'en-haut *F* ou *c*; au bas & à quatre pouces de la naissance des tenons, sont deux autres entailles *f f*, *g g*, de même profondeur, de quatre pouces de hauteur, & disposées de même pour loger le sommier d'en-bas *C*, qu'on appelle aussi *Table*, parce que c'est sur ce sommier que les Livres se mettent entre les ais; au-dessous de ces deux entailles sont ménagés deux tenons *e f*, de trois pouces de hauteur, sur six de large; les deux jumelles *D E* devant être posées parallélement, les deux sommiers *F C* sont de même longueur & largeur, mais de différente épaisseur; celui d'en-haut *F*, a deux pieds dix pouces de long, sur treize pouces de large & sept d'épaisseur: il est percé dans son milieu d'un trou taraudé en écrou *g*, d'environ six pouces de diametre, par où monte & descend la vis; celui d'en-bas *C* n'a que quatre pouces d'épaisseur; l'un & l'autre portent aux extrémités de leur longueur & dans le milieu de leur largeur, une entaille *d d*, *h h*, de quatre pouces de largeur, sur quatre pouces & quelques lignes de profondeur; ces entailles entrent dans celles *h h*, *h h*, *f f*, *g g* des deux jumelles *D E*, & arrêtent les sommiers avec ces jumelles.

Les deux pieds *B B*, sont deux morceaux de bois de treize pouces de long sur six de large, & quatre d'épaisseur; ils portent chacun dans leur milieu en dessus une mortaise *c c*, de la profondeur, longueur & épaisseur des tenons *e f* des jumelles *D E*, qui se logent dedans.

La vis, qui est de bois, a en tout quatre pieds & un pouce de long, deux pieds & demi de pas, sur six pouces de diametre; la tête a, compris le noyau *m*, un pied ſept pouces de longueur : elle eſt quarrée ſur ſes quatre faces, qui portent chacune dans leur milieu une mortaiſe du diametre d'un pouce & demi en quarré, dans laquelle ſe loge le barreau ; cette tête, juſqu'au noyau, a un pied trois pouces de long, & le noyau *m* qui la termine, a quatre pouces de diametre : il porte dans ſon milieu un collet *i*, ou entaille d'un pouce de haut, ſur un peu moins de profondeur, pour recevoir une clef *l*, qui l'arrête à la longue piece dont nous allons parler.

La longue piece *H*, eſt un morceau de bois d'un pied de long, ſur ſix pouces & demi de large & trois d'épaiſſeur : elle porte dans le milieu de ſa largeur un trou rond *i*, d'environ quatre pouces de diametre, & ſur ſon épaiſſeur une mortaiſe *k*, de deux pouces de long ſur un de haut, qui traverſe le trou du milieu *i*, pour arrêter le noyau de la vis par le moyen de la clef *l*, qui eſt un petit morceau de bois long de ſix pouces ſeulement, de deux de large, & d'environ un d'épaiſſeur, qui ſe loge dans la mortaiſe *i*, de l'épaiſſeur de la longue piece *H*.

La platine *I*, eſt un ais de onze pouces de large, quatre d'épaiſſeur, & de deux pieds cinq pouces de longueur, y compris ſes deux tenons *l l*, qui ſont au milieu de chaque bout ; ces tenons ont deux pouces de long ſur autant de large, & une hauteur égale à l'épaiſſeur de la platine, c'eſt-à-dire, quatre pouces. Ces deux tenons entrent dans les rainures *g g* des jumelles, & ſervent à entretenir cette platine dans le milieu, & à la faire gliſſer toujours juſte, ſoit en montant, ſoit en deſcendant.

Enfin le barreau eſt un morceau de fer quarré par le bout qui entre dans les mortaiſes *h* de la tête de la vis, & arrondi dans ſa longueur : il a environ trois pieds de long, & un peu plus d'un pouce de diametre par le bout. Cette grande preſſe ſe monte en mettant la platine *I* entre les deux jumelles *D E*, faiſant entrer les deux tenons *l l* dans les rainures *g g* des jumelles ; on poſe les jumelles ſur les pieds *B B* ou *b b*, on les arrête par les ſommiers *F C* ; on cheville avec de fortes clavettes de fer *n n* ; on paſſe la vis dans l'écrou *g* du ſommier ſupérieur *F*, qui eſt auſſi chevillé ; on fait entrer le noyau *m* de la tête de la vis dans la longue piece *H* ou *g*, l'arrêtant par le moyen de la clef *l* ; on applique la longue piece *H* ſur la rainure *K* de la platine *I*, & on met le barreau dans le trou d'une des faces de la tête de la vis. Les ais à preſſer *K*, ſont des morceaux de bois d'une égale épaiſſeur dans toute leur ſuperficie ; on met un de ces ais ſur la table *c* ou ſommier d'en-bas, puis un Livre, de maniere que le dos déborde l'ais de toute ſon épaiſſeur, afin qu'il ne ſoit point endommagé, & on le tourne du côté de l'Ouvrier ; enſuite on met un ais, puis un Livre, & toujours de même juſqu'à la concurrence de dix à onze volumes *in-quarto* ou *in-folio* ; on ſerre tant que l'on peut, les laiſſant ainſi en preſſe le plus long-temps qu'il eſt poſſible, ſelon qu'on eſt plus ou moins preſſé de rendre l'ouvrage, mais toujours au moins une nuit.

ARTICLE TROISIEME.

Glairer & Polir.

QUAND le Livre eſt hors de preſſe, on le glaire en paſſant du blanc d'œuf ſur le plat avec l'éponge, comme on a fait pour dorer, & on le laiſſe ſécher; au bout d'un quart d'heure, temps ſuffiſant pour le deſſéchement, on le glaire une ſeconde fois; & ſi le Livre n'eſt pas encore aſſez clair, on le glaire une troiſieme fois, ayant toujours ſoin que le blanc d'œuf ne ſoit pas trop épais.

On prend enſuite un bout de chandelle, qu'on paſſe légérement & une fois ſeulement ſur chaque plat; ou bien on prend dans ſa main une goutte d'huile, qu'on étend & dont on frotte pluſieurs volumes; quelques Ouvriers ſe contentent de frotter le Livre avec le dedans d'un bonnet de laine un peu gras: ce graiſſement ſert à faire couler le fer à polir.

Ce fer eſt une eſpece de ſpatule *q*, (*Fig. 5, Pl. X*), qui a un pouce environ d'épaiſſeur dans ſon milieu, & ſe termine, du côté oppoſé au dos, en biſeau émouſſé; quand ce fer eſt chaud de maniere qu'il ne puiſſe gâter le Livre, on poſe le volume ſur la table, une toile deſſous, on l'accotte contre un ais retenu par un clou, ou contre la pierre à parer, & on paſſe pluſieurs fois le fer dans le même ſens de la tête à la queue, & de droite à gauche; ſi on le paſſoit en allant & revenant, on ne pourroit éviter de faire des ondes ſur le Livre: on retourne le Livre pour le mettre en travers devant ſoi, & on paſſe le fer en tous ſens ſur la largeur.

ARTICLE QUATRIEME.

Tirer les Signets & Cambrer.

LE Livre étant poli, on le prend dans ſa main droite, on le feuillette en faiſant couler les feuillets dans ſa main gauche, & on tire du dedans du Livre les ſignets qu'on y avoit remployés, pour éviter qu'ils ne fuſſent gâtés lors de la marbrure ſur tranche & de la dorure ſur cuir. Cela fait on cambre le Livre: pour cela on poſe le dos ſur la table & le plat devant ſoi; on ouvre le Livre à peu-près par la moitié, & le tenant ainſi ouvert, les quatre doigts de chaque main ſur les feuillets & les deux pouces ſur le plat, on appuie en dedans pour faire prendre à l'intérieur un peu de creux, & par conſéquent un peu de convexité au carton en dehors. Cette opération eſt néceſſaire pour donner plus de grace au Livre à l'extérieur, & pour que la tranche des feuillets ou le côté de la gouttiere ſoit mieux ſerré; enſuite on met ſon Livre à plat ſur la table, on ouvre les cartons, & avec le marteau à endoſſer on frappe quelques coups ſur les quatre coins intérieurs du carton, & le Livre eſt en état d'être rendu.

Nous avons décrit dans les cinq Chapitres précédents, la maniere de battre, de coudre les feuilles, de les couvrir de carton, de former le dos des Livres, de les couvrir de peau, de dorer la tranche & la couverture des Livres; ainſi nous pouvons aſſurer que nous avons rempli l'objet que nous nous étions propoſé, puiſque nous avons fait connoître les différentes opérations que le Livre doit ſubir depuis le moment qu'il eſt pris en feuilles dans le magaſin du Libraire, juſqu'à ce qu'il ſoit en état d'être mis dans nos Cabinets. Cependant nous nous croyons obligés de décrire quelques opérations qui ſe pratiquent moins communément, à la vérité, mais qu'il n'eſt pas moins avantageux de connoître; nous eſpérons même qu'on y trouvera quelques détails qui pourront ſatisfaire la curioſité des Lecteurs qui aiment les Arts; ce ſera la matiere des deux Chapitres ſuivants, qui feront la concluſion de notre Ouvrage.

CHAPITRE SIXIEME.

Reliures qui ſont moins d'uſage.

NOUS avons décrit dans les cinq Chapitres précédents, toutes les opérations qui ſe pratiquent ordinairement chez les Relieurs; comme c'eſt ce qui fait l'eſſentiel de notre Art, nous avons eſſayé de les décrire dans le plus grand détail & le plus clairement qu'il nous a été poſſible. Mais il y a encore d'autres manieres de relier les Livres, qui, quoique moins uſitées, ne doivent cependant pas être omiſes, ſi nous voulons remplir notre objet, & faire connoître tout ce qui ſe pratique chez les Relieurs. Ces différentes reliures ſont celle en parchemin ſimple, celle en chagrin, la reliure des Antiphoniers ou gros Livres de Chœur, celle à la grecque à dos briſé, des Cartes géographiques, des Atlas & autres grands Livres de figures; celle des grands Regiſtres de Bureaux, qu'on appelle *Reliure de Lyon*; celle des Livres Chinois & Turcs; enfin celle qu'on appelle *Economique*. Ce ſera la matiere d'autant d'Articles, dans leſquels, pour éviter les répétitions, nous aurons ſoin de ne décrire que ce qui ſera abſolument différent des méthodes ordinaires.

ARTICLE PREMIER.

Reliure en parchemin ſimple.

ON prépare ſon Livre de même que ſi on vouloit le couvrir en veau; mais avant que de mettre le parchemin, on colle des feuilles de papier blanc ſur le dos du Livre & fur les plats de fon carton. Quand il eft fec, on prépare fon parchemin, qui eft ordinairement teint en verd, on l'enduit de colle de farine par le côté de la fleur qui fe met en dedans, & le côté de la chair à l'extérieur.

ARTICLE SECOND.

Reliure en Chagrin.

LE chagrin eft la peau d'une efpece de mulet ou d'âne, appellé par les Orientaux *Sagri*, auquel on donne dans le Levant l'apprêt que nous lui voyons quand on l'apporte ici. Avant d'employer ces peaux, on les remet aux Parcheminiers, qui leur donnent la préparation qu'on appelle *Raturer*; il faut qu'elles foient raturées le plus mince qu'il eft poffible; mais comme malgré cela elles font toujours peu fouples, on les met tremper dans de l'eau froide, & on les laiffe bien égoutter, ce qui fe fait en les efforant dans un linge; de maniere que la peau foit plus feche qu'humide, pour la rendre plus maniable; fi elle eft trop humide, la colle ne prend pas facilement, & en fe féchant la peau fe retire fi fort, qu'elle fait travailler l'ouvrage. On pare enfuite le chagrin fur les bords, aux endroits qui feront rabattus en dedans du Livre.

Cette reliure demande beaucoup d'attention pour ne pas gâter le grain, qui fait toute la beauté du chagrin. On colle les peaux avec de la colle forte, la meilleure qu'on puiffe avoir, qui ne foit ni trop claire ni trop forte, & on l'emploie bien chaude.

Pour fouetter les Livres reliés en chagrin, on les entoure d'un carton fouple avant de mettre les ais, & on a l'attention de ne point mettre le Livre en preffe que quand il eft bien fec.

On ne donne guere d'autre couleur au chagrin que le noir, qui fe met avec de l'encre fans gomme, qu'on y étend à trois ou quatre reprifes; on fait fécher cette encre en frottant le Livre fortement avec une broffe bien rude de poil de fanglier; on paffe fur la broffe un peu de cire vierge, & on frotte de nouveau jufqu'à ce que la couverture foit bien luftrée.

Quelquefois on entoure les bords de fon Livre d'une bordure d'argent, de cuivre ou d'autre métal, qui empêche que le chagrin ne s'ufe en cet endroit: on les garnit auffi fouvent de fermoirs en métal; mais ce travail ne fe faifant point par les Relieurs, fera la matiere d'un Art féparé.

ARTICLE TROISIEME.

Reliure des Antiphoniers.

CETTE reliure ne differe en rien de celles que nous avons précédemment décrites, quant à l'assemblage, la couture, l'endossement, &c; nous ferons seulement remarquer que comme ordinairement ces Livres sont grands, fort gros, sujets à supporter beaucoup de fatigue, & qu'ils doivent durer long-temps, on multiplie les nerfs: on en met communément six, sept, & quelquefois huit; ces nerfs doivent être de bonne ficelle, qu'on met quelquefois double, & que le plus souvent on entortille d'une laniere de peau pour leur donner plus de force.

Les cartons doivent être des plus forts; autrefois même on faisoit les couvertures en ais de bois; mais on y a renoncé, parce que les vers les attaquent. Ces cartons sont revêtus d'une peau de basane ou de truie.

La plus grande différence de cette sorte de reliure, consiste dans la tranche-filure, qui, en effet, ne ressemble nullement à celle que nous avons décrite. Elle se divise en tranche-filure simple & tranche-filure double. On se sert d'une laniere de peau passée en mégie, qu'on coupe, autant qu'il se peut, assez longue pour pouvoir tranche-filer avec une seule laniere, sans être obligé d'en ajouter; on enfile cette laniere *a* dans une aiguille *b*, (*Pl. XIII, Fig.* 1 & 8); on place le Livre entre ses genoux, la gouttiere tournée devant soi; on perce avec un fort poinçon le Livre de dedans en dehors, & le plus près qu'on peut du mords; on retire le poinçon, & dans ce même trou on substitue l'aiguille, qu'on fait sortir au point *c*, (*Fig.* 1 & 2); on laisse pendre un bout de la laniere en dedans; on pique avec le poinçon un second trou à côté du premier en *d*; on ramene sa laniere de *c* en *f*, (*Fig.* 3), lui faisant couvrir le bout qu'on a laissé pendre & qu'on a rabattu sur le dos en dehors; on fait entrer son aiguille dans un second trou *d*, la faisant sortir de dedans en dehors au point *d*; on croise l'aiguille sous la premiere passe *c*, comme on voit en *b*, (*Fig.* 1), pour lui faire former le nœud ou chaînette *c*, (*Fig.* 1 & 2); on ramene sa laniere de *d* en *h*, (*Fig.* 2), pour la faire sortir par le point *i*; on forme un nouveau nœud ou chaînette, & ainsi jusqu'à ce qu'on soit arrivé à l'autre mords du Livre; alors on fait entrer le bout de la laniere en dedans, & on l'y colle contre le carton; on recouvre les nœuds ou chaînettes du bout de laniere *e*, (*Fig.* 2 & 3), qui sort par un mords, embrasse le Livre dans l'épaisseur du dos, & est collée en dedans du carton à l'autre mords: on apperçoit bien l'effet de cette bande en *f*, (*Fig.* 3).

Toute la différence de la tranche-filure double, consiste dans la seconde chaînette *k l m*, (*Fig.* 2), qui se fait de même que la précédente, mais qui est placée de maniere qu'elle touche la tranche des feuillets: on la voit *Fig.* 4. Quand le Livre est ainsi tranche-filé, on pousse avec le fer à fileter (*Fig.* 5), les

les filets *a b c d e f g*, ſur le plat de la couverture (*Fig. 6 & 7*). Ce fer eſt un peu différent de ceux qui ſervent ordinairement aux Relieurs : il eſt plus grand & n'eſt point à roulettes, mais d'une ſeule piece, depuis *a* juſqu'à *b*, (*Fig. 5*); d'ailleurs, on s'en ſert comme des autres fers à roulettes, en le pouſſant devant ſoi. Les quatre angles du cadre *h i k l*, (*Fig. 7*), ſont garnis de boſſettes de cuivre jaune *h*, (*Fig. 9*), clouées avec des clous de cuivre. Ces boſſettes, ainſi appellées parce qu'en effet elles reſſemblent aſſez à celles qu'on met aux mords des chevaux, en même temps qu'elles font un ornement aux Livres, empêchent que la couverture ne frotte ſur le lutrin, & prolongent ſa durée. On ſoutient auſſi pour la même raiſon les angles *m m* avec des bandes de cuivre mince, qui garniſſent le carton ſur les deux plats, ſur les bords intérieurs & extérieurs, & ſur ſon épaiſſeur. Ces bandes, qu'on nomme *Coins*, ſont clouées avec des clous auſſi de cuivre ; du côté du mords on met une bande *n n* de cuivre, mais qui n'eſt point taillée en équerre comme les coins, parce que cette partie eſt ſoutenue par le mords du Livre. Enfin on attache deux lanieres de peau en *o* & en *p*, (*Fig. 7*), avec deux plaques de cuivre taillées en triangle, & aſſujetties de dix clous. Cette laniere ſert à tenir le Livre fermé en l'embraſſant par-deſſus la gouttiere, comme on voit en *p*, (*Fig. 7*), & s'arrête ſur le plat oppoſé (*Fig. 6*), au moyen des deux bourdons *s t* & *g*, (*Fig. 11*), qui ſont cloués ſur le plat du Livre, & qui entrent dans les trous *q r*, pratiqués dans la laniere. Ces trous ſont garnis d'une lame de cuivre, pour donner en cet endroit du ſoutien à la laniere. Enfin l'extrémité de la laniere eſt revêtue d'une plaque de cuivre *u*.

ARTICLE QUATRIEME.

Reliure à la Grecque, à dos briſé.

NOUS avons décrit dans le cours de notre Ouvrage la reliure à la grecque, dans laquelle les nervures ne ſont point apparentes ſur le dos. Nous avons remarqué dans cet endroit que cette reliure a ſon avantage, en ce que quand le Livre eſt un peu gros, on ne peut le lire commodément ſans rompre le dos; & que celle à la grecque étant moins ſerrée que celle à nerfs, remédie à une partie de cet inconvénient. Mais comme cette méthode ne ſauve pas encore toute l'incommodité d'un Livre un peu épais qui ne peut ſe tenir ouvert de lui-même, & qu'on ne peut tenir ouvert ſans faire effort avec les mains, on a imaginé la reliure à la grecque à dos briſé. Elle ſe commence comme celle à la grecque ordinaire ; mais avant que de paſſer en peau, on colle ſur le dos du Livre une bande de papier un peu fort qu'on y laiſſe ſécher ; enſuite on poſe ſur ce dos, ſans la coller, une bande de carton de la même longueur & largeur que le dos ; on prend pour cela un carton menu & liſſé, qui ait aſſez de force, eu égard à ſon épaiſſeur ; on abbat un peu les arêtes, ou on le taille un peu en biſeau, en tête & queue, & le long des mords du Livre, afin qu'on n'apperçoive point d'arête sur la couverture ; on imbibe de colle l'extérieur de cette bande, & comme la peau est aussi imbibée de colle, elle s'applique sur la bande de carton, qui s'y attache en se séparant du dos, auquel elle ne tient point, & donne du soutien à cette partie du Livre.

Comme dans cette reliure le dos des feuillets ne fait point corps avec la couverture, quand on pose le Livre sur une table ou sur un pupitre, il peut se tenir ouvert, même jusques dans l'enfoncement qui se trouve à la jonction des feuillets, ce qui donne bien plus de facilité à le lire.

ARTICLE CINQUIEME.

De la Couture des Livres d'Atlas, & grands Livres d'Estampes.

COMME il n'est pas possible d'assembler & de relier ces sortes de feuilles sans les plier en deux dans le sens de leur hauteur, outre qu'on ne pourroit pas les coudre, il arriveroit encore que ces estampes n'ayant point de marge intérieure, tout ce qui seroit vers le dos seroit absolument perdu ; on sent aussi, après ce que nous avons dit de la maniere d'endosser les Livres, que cela ne pourroit pas se faire à ceux-ci: c'est pourquoi il falloit imaginer quelque moyen pour pouvoir les coudre, & que le Livre s'ouvrant, laissât voir l'estampe presque comme si elle eût été à plat : c'est ce qu'on fait en collant ces figures sur des onglets.

On taille une bande de papier plus ou moins fort, suivant la force du papier sur lequel est imprimée l'estampe, d'une longueur égale à la hauteur de la figure, & plus ou moins large, selon qu'on a plus ou moins de figures à assembler ; nous en ferons appercevoir la raison dans un moment. On plie sa figure en deux bien quarrément, de maniere que les bords de l'impression répondent bien juste les uns aux autres, & sans s'embarrasser si les bords de la feuille tombent exactement l'un sur l'autre, comme nous l'avons dit quand nous avons parlé de la maniere de plier les feuilles d'impression. La feuille étant posée sur la table de maniere qu'on ait devant soi le dos du pli, on plie sa bande de papier en deux parties égales, on l'ouvre, & on en fait passer une moitié dessous la figure, la faisant entrer plus ou moins, selon l'épaisseur que doit avoir le volume, mais toujours faisant en sorte qu'il y ait environ quatre lignes de collées sur le dos de la figure ; on colle cette bande avec de la colle de farine forte ; car il faut que l'union de la bande avec la figure, soit très-exacte. A l'égard de l'autre moitié de la bande, on ne la colle point à la figure, parce que c'est ce qui facilite à la Couseuse de pouvoir faire entrer & sortir son aiguille ; on fait la même chose à toutes les figures du volume ; ensuite on les met les unes à côté des autres, suivant l'ordre où elles doivent être : on les donne en cet état à la Couseuse, qui les coud en piquant dans le pli que forme l'onglet ; il faut que chaque onglet soit cousu, & que les nervures & le fil soient très-forts.

Le reste de l'opération ne differe en rien de celle que nous avons dit qui se pratiquoit pour tous les Livres. Ces grands Livres se couvrent comme tous les autres, en veau, en basane, en maroquin, en parchemin, en papier, &c; on ne sauroit seulement trop recommander au Relieur, de donner de la force au dos pour qu'il puisse supporter la fatigue, & en même temps de la facilité à s'ouvrir pour qu'on en puisse jouir commodément.

ARTICLE SIXIEME.

De la Reliure de Lyon.

ON se sert dans les Bureaux de finance, de grands porte-feuilles en forme de Livres, composés de feuilles blanches de grand papier, sur lesquelles on doit écrire; il faut donc que ces feuilles soient assemblées très-solidement, de maniere cependant que le Livre s'ouvre très-aisément & jusqu'au fond de la feuille; pour cela le côté de la couture doit être plat, sans quoi on ne pourroit que très-difficilement écrire sur ces feuilles. Cette sorte de reliure, qui s'appelle *Reliure de Lyon*, est permise aux Marchands Papetiers, concurremment avec les Relieurs, mais ordinairement ces derniers ne la font pas; encore les Maîtres Papetiers ne la font-ils pas tous, elle n'est guere pratiquée que par ceux qui ont la fourniture de quelques grands Bureaux. Cette reliure est, à bien des égards, semblable à celle qui se fait ordinairement chez les Relieurs; l'assemblage, la couture, la rognure, la tranche-filure, sont communes à l'une & à l'autre, comme on peut le voir (*Pl. XIV, Fig.* 1). Il y a cependant quelques différences que nous allons faire appercevoir: 1°. les nervures se font de deux ficelles *a a a*; 2°. entre chaque nervure on a soin de faire une chaînette *b b b*, pareille à celle qui se fait en tête & en queue *cc*. Comme ces Livres sont plus exposés à fatiguer que d'autres, on a besoin de donner plus de soutien aux feuilles par ces doubles nerfs & ces chaînettes intermédiaires; c'est aussi pour cette raison qu'on a soin de tenir les tranche-files *d d* plus fortes que dans un Livre ordinaire. Quand les feuilles sont ainsi cousues & assemblées, on les couvre.

La couverture de ces porte-feuilles se fait avec de forts cartons revêtus de parchemin ou de vélin blanc ou verd, ou de peau de mouton teinte en verd ou en bleu, quelquefois même de basane passée en veau, & enrichis d'ornements faits avec les fers à dorer, comme on voit en *a a*, (*Fig.* 2 & 3). Cette couverture est en trois pieces; savoir, deux *B* & *D*, (*Fig.* 1 & 2), pour chaque plat, & une troisieme *A B*, (*Fig.* 3), qui doit faire le dos. Ces trois cartons sont coupés bien quarrément & bien droit, prenant soin qu'il n'y ait aucune bavochure à l'endroit où la pointe a coupé. On pose son carton *B* sur une table près de celui de *C*, (*Fig.* 1), de maniere qu'il ne s'en faille que de quelques lignes qu'ils se touchent, pour laisser le jeu au mouvement de charniere: on colle ſur chacune des deux faces extérieure & intérieure, de fortes bandes de parchemin; mais celle de la face extérieure ſe colle à plat, au lieu que celle de la face intérieure doit être enfoncée de maniere qu'elle touche la bande de la face extérieure, ce qui ſe fait en enfonçant, avec un poinçon arrondi par le bout, la bande intérieure, & cela ſe remarque à la Figure 1, par le petit canal ou gouttiere *i k*, qui donne au plat *B*, le mouvement de charniere néceſſaire. Le carton doit être revêtu avant que de l'appliquer ſur les feuilles qu'on y veut enfermer; il faut ſeulement avoir eu ſoin de tracer ſur le dos *A B*, (*Fig.* 2 & 3), & ſur le plat *C D*, (*Fig.* 2), les lignes *b b*, qui doivent circonſcrire les pattes ou bandes *E F G*; quand on fait des enjolivements au fer, on n'en met point aux endroits qui doivent être couverts par ces pattes.

Les bandes ou pattes *E F G*, (*Fig.* 2), & *c c c*, (*Fig.* 3), ſont des morceaux de maroquin ou autre peau, que l'on coupe de largeur proportionnée au nombre qu'on en veut mettre relativement à la groſſeur du Livre; ce nombre n'excede pas quatre pour les plus gros, & n'eſt pas moindre de trois pour les plus petits. A l'égard de la longueur, elle eſt toujours telle qu'elle occupe la moitié du plat de la couverture, comme on voit en *C D*, (*Fig.* 2). On colle cette peau ſur une bande de fort papier grand Aigle, pour lui donner plus de fermeté, & par conſéquent plus de ſoutien au Livre, & empêcher en outre que la bande ne ſe recroqueville.

On poſe ces pattes ſur le carton, & on les y aſſujettit ſur le dos & ſur le plat avec un fil 1, 2, (*Fig.* 3), & 1, 2, (*Fig.* 2), bande *G*; on marque avec un compas les endroits où ſeront les trous 3, (*Fig.* 2, 3 & 4), qui ſerviront à paſſementer les pattes, comme nous l'expliquerons dans la ſuite; ces trous ſont à environ trois quarts de pouce de diſtance les uns des autres; on les commence à l'emporte-piece ſur le carton, de maniere que l'on perce du même coup & la patte & partie du carton; il vaudroit mieux encore ne ſe ſervir que du poinçon pour former ces trous; car comme il faut que le cordonnet rempliſſe juſte le trou, & que même il faut battre un peu le carton ſur le plat pour remplir un peu le vuide, il pourroit arriver que le cordonnet joueroit trop & ne rempliroit pas le trou quand il eſt fait à l'emporte-piece; on met ſur ces pattes des numéros qui ſont répétés ſur le carton, & on enleve les pattes pour finir le trou. A l'égard du carton, on le perce du dehors au dedans avec un fort poinçon, & on a ſoin de lever avec le couteau à parer, les bavochures qui ſe trouvent en dedans du carton. Toute cette préparation étant faite, il s'agit de mettre le Livre *A* dans le porte-feuille *B*, (*Fig.* 1); pour l'y aſſujettir, on prend des tirets de parchemin, ſemblables à ceux dont on ſe ſert pour aſſembler des pieces & actes de procédures, mais beaucoup plus forts encore; on fait paſſer ces tirets entre les cahiers & le nerf du milieu de ſon Livre, comme on voit en *e f*, (*Fig.* 1): on paſſe autant de tirets qu'il y a de nervures; ainſi dans un Livre de la groſſeur repréſentée par la Figure premiere, il y auroit quatre tirets: pour donner plus de de solidité à son Livre, il est indispensable de mettre de pareils tirets en *g* & en *h*, (*Fig.* 1). Quand ces trois tirets sont posés, si le dos du Livre a un peu d'épaisseur, on peut en mettre de faux, qui n'entrent point entre les feuillets, & qui sont seulement passés dans les trous *i i*, (*Fig.* 1) du carton : ces faux tirets se voient *Fig.* 3 ; ils sont marqués *l l*, entre celui du milieu & le troisieme ; & ils ne servent que d'ornement sur le dos.

On présente son Livre dans son porte-feuille, ayant soin de le mettre bien droit, & tout de suite on fait entrer les tirets *e f* dans les trous *ff* du carton (*Fig.* 1). Quand tous les tirets sont passés, on ferme le carton ; on fait passer les tirets, dont on voit le bout en *b* & en *d*, (*Fig.* 3), à travers le carton & à travers les pattes ; on les noue alors d'un nœud lâche, seulement pour assujettir le Livre jusqu'à ce qu'il soit encartonné. Je crois que personne n'ignore que ces tirets se font avec une petite bande de parchemin, de la longueur qu'on veut, & de la largeur d'environ six lignes, qu'on humecte légérement d'eau ou avec la bouche, & qu'on roule avec le plat de la main sur un carton ou sur le genou.

Quelques Papetiers, pour donner plus de solidité à leurs Livres, font la pointe aux nerfs *a*, (*Fig.* 1), comme nous avons dit que les Relieurs la faisoient ; ils font un trou de poinçon *m*, un peu au-dessus du nerf, dans l'endroit de la couverture qui est entre le dos & le plat, ce que les Papetiers appellent la *Charniere*, *i k*, (*Fig.* 1), & les Relieurs le *Mords* : ils font entrer la pointe de leur nerf dans ce trou, du dedans au dehors, puis ils le repassent de dehors au dedans dans un autre trou *l*, fait sur le plat du carton ; ces deux trous doivent être exactement couverts par la patte. C'est cette opération que les Papetiers appellent *Encartonner* ; beaucoup d'entr'eux ne la font pas, & le Livre n'en est pas moins propre ; mais il s'en faut de beaucoup qu'il soit aussi solide, sur-tout s'il est d'une certaine épaisseur ; cela fait, on ouvre son carton, on met le Livre dans la presse à rogner, pour pouvoir approcher le dos du porte-feuille le plus près qu'il est possible du dos du Livre ; alors on défait le nœud des tirets qui n'étoit que commencé ; on les humecte de nouveau avec de l'eau ou de la salive, pour pouvoir les tourner plus aisément ; on fait un double nœud que l'on tourne proprement, afin que le tiret fasse une espece de corde *e f*, (*Fig.* 3) ; on repasse chaque bout du tiret dans le trou *e* & dans le trou *f* ; quand il est sec, on coupe ce qui excede dessous la patte, de maniere qu'il ne paroisse pas ; on fait la même chose de suite dans toute la longueur du dos, tant pour les vrais tirets que pour les faux. En repassant le tiret dans le trou de la patte, il faut apporter beaucoup d'attention, pour ne pas arracher le côté de la patte. Il ne reste plus qu'à passementer les pattes sur le plat de la couverture, comme on voit en *E F G*, (*Fig.* 2). Cette opération, en même temps qu'elle affermit la patte sur la couverture du Livre, fait aussi un ornement qui a plus ou moins de grace, suivant le goût de celui qui l'a fait. Nous avons représenté en *E F* deux différentes façons de les faire.

Quand on veut passementer, on prend du petit ruban de fil étroit, ou une laniere de peau, ou quelquefois du cordonnet de fil; le cordonnet est toujours plus solide & plus aisé à employer que le ruban, qui se roule & n'a pas bonne grace, & que la peau, qui est sujette à se casser dans les mains de l'Ouvrier ; on en coupe la longueur qu'on juge à peu-près convenable; car il faut que le même morceau serve à passementer toute la patte, ou si l'on fait un nœud, il faut avoir soin qu'il se trouve en dessous.

On met son ruban ou son cordonnet en double; on coupe le côté opposé aux deux bouts: on fait entrer ces deux bouts dans le trou *n*, (*Fig.* 1), par le dehors du carton, ou dans le trou 1 de la Figure 4, qui représente le dessous de la patte ; ainsi les bouts *a* du ruban entrent par le trou *c*, (*Fig.* 2), de la patte en dessus du carton, ou par le trou 1 de la Figure 5, qui représente le dessus de la patte, & pendent en dehors, pendant que les deux bouts opposés *bb*, pendent en dedans ; on fait repasser les deux bouts *b b* par les trous *o o*, (*Fig.* 1), ou par les trous 2 2, (*Fig.* 4), & alors les quatre bouts *a a*, *b b*, du ruban, sont en dessus de la patte (*Fig.* 5); on prend ensuite de la petite ficelle très-mince, ou du gros fil de Bretagne retors, & on enfile à chaque bout une grosse aiguille à coudre; on amene le bout du ruban 1 *a*, (*Fig.* 5), sur le trou 4; on passe l'aiguille dans ce trou 4 de dedans en dehors, & on la fait repasser dans le même trou de dehors en dedans, ce qui forme une boucle *d*, dans laquelle passe le bout du ruban 1 *a*; on tire en dessous son fil de maniere qu'il soit caché entiérement dans le trou 4; on fait la même chose du côté droit de la patte, amenant l'autre partie du ruban 1 *a*, sur le trou 8. Avant de serrer le ruban contre la patte, on fait passer dessous, le bout 2 *b* de la gauche qui doit être porté sur le trou 9, & qu'on doit serrer de même que le précédent; on amene le ruban 2 *b* de la droite sur le trou 5 de la gauche, faisant passer ce ruban par-dessus 1 8, & dessous 2 *b*, & ainsi des autres jusqu'à la fin. On peut prendre une idée plus claire de l'arrangement de ces passements entr'eux, en consultant la Figure 2 en *G*. On conçoit aisément sans doute, d'après ce que nous avons dit, que les quatre bouts du ruban sortent du dessous du carton en *c d e*; que l'un des bouts *c* vient en *f*, & l'autre en *g*; que le bout *d* vient en *i*, & le bout *e* en *h*, passant par-dessus *c g* & par-dessous *d i*; le bout *f* vient en *l*, passant dessous *e h*; le bout *g* vient en *k*, passant dessus *d i* & dessous *f l*; le bout *h* vient en *n*, passant dessous *g k*; le bout *i* vient en *m*, passant dessus *f l* & dessous *h n*: quand on est arrivé aux points *o*, 1 & *p*, on ne croise plus les fils, mais on fait passer le bout *o* dans le trou *q*, le bout 1 dans celui 2, & le bout *p* dans le trou *r*; on les arrête comme les précédents, & on les coupe en dessous, laissant un petit bout qui se colle sur le carton; on passe un peu de colle en dedans du carton sur les trous & sur les cordonnets, pour les arrêter, remplir les trous & abattre les bavures; ensuite on bat un peu le carton, afin que le passement ne paroisse point au travers des gardes: on colle même une bande de papier dessus. Il ne reste plus qu'à mettre les cordons *p q*, (*Fig.* 1), & à coller en dedans du carton 1 *k p q*, (*Fig.* 1), des feuilles de papier qu'on appelle *Gardes*, en obſervant de les faire bien entrer dans la charniere 1 *k*. Il eſt à propos de ſéparer en deux la premiere de ces gardes, laquelle étant collée, on abattra le porte-feuille pour que la partie qui eſt du côté de la tranche, ſe colle à la diſtance qui convient du bord, & tout de ſuite on en colle une autre par-deſſus.

ARTICLE SEPTIEME.

De la Reliure des Livres Chinois.

NOUS n'entreprendrons point de parler ici ſur l'antiquité de l'Imprimerie à la Chine, ni de la maniere dont cet Art s'y pratique, qui eſt très-différente de celle d'Europe ; il nous ſuffira de dire que quand on veut faire imprimer un ouvrage, on le fait tranſcrire par un bon Ecrivain ſur du papier fin & tranſparent. Le Graveur colle chaque feuille ſur une planche de bois de pommier, de poirier, ou de quelqu'autre bois dur & bien poli ; & avec un burin il ſuit les traits de l'écriture, & taille en épargne les caracteres, abattant tout le bois ſur lequel il n'y a rien de tracé, ce qui fait autant de planches différentes qu'il y a de pages à imprimer. Pour tirer cette impreſſion, on poſe ſa planche de niveau d'une maniere ſtable ; on la frotte avec une broſſe dure trempée dans l'encre, & on fait couler ſur le papier poſé ſur la planche, une autre broſſe oblongue & plus douce que la premiere, preſſant plus ou moins, ſelon qu'il y a plus ou moins d'encre ſur la planche, & paſſant la broſſe ſur toute la feuille à pluſieurs fois. Cette ſorte d'impreſſion va très-vîte: on prétend qu'un Ouvrier, ſans ſe fatiguer, peut tirer près de dix mille feuilles par jour.

Les Chinois écrivent & impriment leurs Livres de droit à gauche & du haut en bas : ils commencent où nous finiſſons les nôtres; c'eſt-à-dire, que notre derniere page eſt, pour eux, la premiere. Leur papier eſt ſi mince & ſi tranſparent, qu'il ne pourroit ſouffrir une double impreſſion, ſans que les caracteres ſe confondiſſent; auſſi chaque feuillet n'eſt imprimé que d'un côté, & eſt plié de maniere qu'on met le côté blanc *C*, (*Fig.* 3, *Pl. XV*), en dedans, & le côté imprimé *D D*, (*Fig.* 1 *&* 3), en dehors; ainſi chacun deſdits feuillets eſt double; cependant le papier eſt ſi mince, qu'on a peine à s'en appercevoir: un trait noir *B*, (*Fig.* 1 *&* 3), indique l'endroit où les feuilles doivent être pliées, & ſert de réglet comme les trous que font les pointes aux feuilles que nous imprimons, pour les plier également, afin que les pages ſe répondent; ce réglet eſt enrichi d'ornements ou de caracteres *a a a*, (*Fig.* 3), du côté qui doit former la tranche du Livre ; de maniere que tous les feuillets étant pliés, & le Livre couſu & fermé, ſa tranche paroît au doigt & à l'œil auſſi vive que ſi elle avoit été rognée, & l'ornement qui ſépare chacune des pages, y forme une variété très-agréable. Toutes les feuilles étant ainſi pliées, on les met les unes ſur les autres, le repli *B*, qui forme la tranche, en dehors, & l'ouverture *A*, du côté qui fera le dos. Ces feuilles ne ſont rognées que par la tranche du haut du Livre, qui eſt à la tête, & par la tranche du bas qui lui eſt oppoſée. Nous ne ſavons point comment ils les rognent, ni quelle preſſe ils emploient; mais il eſt aiſé de s'imaginer qu'ils ſavent les aſſujettir de maniere qu'elles ne puiſſent ſe déranger, de même que nous le voyons faire chez les Papetiers qui veulent rogner des mains de papier.

Les Chinois couvrent leurs Livres d'un carton gris aſſez propre, ou d'une eſpece de papier liſſé fort, de couleur jaune, d'un ſatin fin ou d'un petit taffetas à fleurs *G*, (*Fig.* 1), qui eſt propre & ne coûte pas beaucoup. Il y a auſſi des Livres couverts d'un brocard rouge ſemé de fleurs d'or & d'argent.

Les feuilles étant aſſemblées & rognées, ils les couſent ordinairement avec une bonne ſoie torſe de couleur, miſe en double aux points *b b*, *c c*, *d d*, *e e*, (*Fig.* 1 & 2, *Pl. XV*), ayant ſoin que la ſoie occupe toute la longueur du Livre de *a* en *f*, (*Fig.* 2); de-là elle paſſe en *g*, pour revenir embraſſer l'autre côté du Livre; les deux extrémités haut & bas *E E* du Livre, ſont couvertes d'un petit morceau d'étoffe de ſoie ou autre; le reſte de la couverture *H* eſt, comme nous l'avons dit, couvert en papier ou carton mince. Quand on veut faire une reliure un peu plus recherchée, telle qu'aux Livres qui ſont couverts d'étoffe ou de brocard, on fait aux extrémités du haut & du bas, une double couture *F F*, (*Fig.* 1), qui donne encore plus de ſoutien à cette partie qui fait le dos du Livre. On apperçoit aiſément cette double couture en *A*, (*Fig.* 3), & en *F F*, (*Fig.* 1). La partie *I I I* eſt couverte, comme à l'autre Figure, d'un papier ou carton jaune, & quelquefois doré. On colle ordinairement ſur un coin de la couverture, une petite bande de papier, ſur laquelle eſt écrit ou imprimé le titre du Livre.

Quoique cette maniere de relier ſoit fort différente de la nôtre, & qu'elle lui ſoit inférieure, elle ne laiſſe pas d'avoir ſon agrément, & ſa propreté : elle eſt même très-ſolide, puiſque, comme l'on voit, chaque cahier eſt pris dans la couture de toute la partie *I I*, (*Fig.* 1); & comme la couverture de ces Livres a de la ſoupleſſe & de la flexibilité, cela fait qu'ils s'ouvrent aſſez facilement, & ſe tiennent ouverts ſur une table, comme on voit *Fig.* 3.

Il faut cependant convenir que cette ſoupleſſe de la couverture, rendroit ces Livres fort incommodes à placer ſur les tablettes des Bibliotheques, en la maniere que nous y poſons les nôtres; mais auſſi les Chinois mettent leurs Livres dans des eſpeces de boîtes de carton *A*, *B*, *C*, *D*, (*Fig.* 3, *Pl. XVI*), aſſez ſemblables à celles qui ſervent dans les Bureaux pour mettre des papiers. Le deſſus *E* de ces boîtes, ſe leve en *A B* au moyen d'une charniere, & le devant *F* s'abaiſſe par un pareil mouvement de charniere en *C D*, pour pouvoir en tirer le Livre. Les volumes qui traitent d'un même ſujet ſont tous enfermés dans

dans une même boîte. Elles peuvent se placer de même que nos Livres ; le côté opposé au côté *F*, porte une étiquette en caracteres Chinois, sur laquelle on écrit ce que contiennent les Livres qui sont dedans ; le dessus & les côtés de ces cartons sont couverts d'une petite étoffe ou brocard, qui est ordinairement d'assez bon goût. Sur le plat *E* de la boîte, on colle une petite bande *d* de papier, sur laquelle est le nom & l'adresse du Marchand.

A l'égard des Livres de figures, d'estampes ou de desseins, on les colle sur des cartons qui s'assemblent au bout les uns des autres, & se replient les uns sur les autres en forme de paravent (*Fig.* 4, *Pl. XVI*), où *D* représente l'estampe, & le côté *F* qui se replie dessus l'explication de cette estampe ou de ce dessein. On développe ainsi toutes ses feuilles jusqu'à la derniere, & on ferme cette espece de Livre en les repliant toutes les unes sur les autres jusqu'à la derniere *D*, (*Fig.* 5), dont l'envers est couvert d'une étoffe semblable à celle du dessus *E* de la boîte (*Fig.* 3): les bordures *c c c* du dessein & de l'explication, sont encadrées par des bandes de la même étoffe. Quand le dessein est plié (*Fig.* 5), on rabat la partie *C* de la boîte sur *D*, puis *E* sur *C*, & on ferme la boîte au moyen de deux anneaux de cuir *c c*, (*Fig.* 3), attachés au devant *F* de la boîte, dans lesquels on fait entrer les chevilles d'ivoire *a*, (*Fig.* 3 & 5), un peu à force ; ces chevilles tiennent au couvercle de la boîte par des petites lanieres de peau *b* ; dessus ce couvercle il y a une étiquette qui indique ou l'adresse du Marchand, ou ce que contient la boîte.

M. Capperonnier, Garde des Livres de la Bibliotheque du Roi, a bien voulu me communiquer quelques Livres Turcs. Leur reliure, qui ressemble assez à la nôtre, quant à la couture & à la tranche-filure, est fort différente par la maniere dont le dos est fait, ainsi que leur couverture. On voit *Fig.* 4 & 5, *Pl. XV*, un de ces Livres ; le dos *A*, (*Fig.* 4), est à pans, au lieu d'être rond ou plat comme dans nos Livres ; les deux pans *a a* sont un peu creusés en forme de gouttiere par en dehors. Un des côtés de la couverture est prolongé, & se plie de maniere qu'il peut embrasser la gouttiere *b*, (*Fig.* 5), & la partie *c* se rabat sur le côté comme la patte d'un habit sur la poche, ou encore mieux, comme on voit à certains porte-feuilles de poches, qui se ferment à clef ; quelquefois même cette patte se loge entre le côté *d* de la couverture & les feuillets, comme on peut le voir en *e*, (*Fig.* 4). La couverture est enrichie d'ornements poussés avec le fer à dorer. Quelquefois ils sont dorés comme les dentelles que nous mettons sur certains Livres, mais le plus souvent ils ne sont faits qu'au fer chaud.

CHAPITRE SEPTIEME.

Où l'on traite de la maniere de laver les Feuilles, de les régler & de les parfumer.

ARTICLE PREMIER.

Laver les Feuilles.

On ne lave point ordinairement les feuilles avant que de les coudre; mais quand on veut donner à un Livre toute la propreté & toute la recherche possibles, on fait cette opération, qui contribue même à donner plus de fermeté aux feuilles, & à les rendre d'un plus grand service. On le fait encore aux vieux Livres qu'on veut relier à neuf, & de dessus les feuilles desquels on veut faire disparoître les taches. Alors on désassemble les cahiers, & on les met tremper dans un baquet plein d'eau claire, dans laquelle on fait dissoudre de l'alun, les y laissant le temps nécessaire pour les blanchir & nettoyer; ensuite on retire ces cahiers de l'eau, & on les étend sur des cordes pour qu'ils sechent. Nous n'indiquons point la quantité d'alun qu'on met dans l'eau, parce qu'on en met plus ou moins, suivant la grosseur du Livre ou la quantité de volumes qu'on veut laver; mais quand on lave les feuilles en blanc, ou avant que le Livre ait été relié, pour les rendre plus blanches & les affermir, on met sur cinq pintes d'eau ordinaire, un quarteron d'alun de Rome, & un demi-quarteron de colle de Flandres; on fait bouillir pendant l'espace de trois heures environ, jusqu'à ce que le tout soit réduit à moins de moitié, après quoi on passe la liqueur dans un linge bien blanc, afin qu'il n'y reste aucune ordure qui puisse salir les feuilles; puis on la jette dans un baquet avec trois ou quatre seaux d'eau.

Lorsque cette eau est ainsi préparée, on prend des feuilles pliées en deux; on les tient de la main gauche, & de la droite qu'on trempe dans son eau d'alun, on asperge les feuilles, les élevant par le bout qui est dans la main, afin que l'eau coule sur la superficie de la feuille; on les reprend ensuite par l'endroit qui étoit en bas; on jette de l'eau dessus comme la premiere fois; puis les prenant à deux mains, on les plonge toutes ensemble dans le baquet, les retirant promptement; on commence à mouiller avec la main, afin que l'humidité se communiquant sur toute la surface des feuilles, elles prennent plus aisément autant d'eau qu'il leur en faut dans le trempement, ce qui ne se feroit jamais si également, si on ne prenoit cette précaution.

Quand on lave des *in-douze*, on plie les feuilles par l'endroit de la bande qui ſe coupe, afin qu'en les mettant ſur les étendoirs, la partie blanche de la feuille ſe trouve appuyée ſur les cordes & non pas l'imprimé, ce qui pourroit faire marquer la feuille. Les feuilles étant ainſi mouillées, on les met d'abord en preſſe, afin d'exprimer toute l'eau, & qu'elles ſechent plutôt ſur les cordes où on les poſe.

La preſſe dans laquelle on met les feuilles mouillées, eſt compoſée ſeulement de deux ais de bois de chêne, qu'on ſerre par le moyen de deux vis de bois qui paſſent à leurs deux bouts oppoſés.

Ce que nous venons de dire a beaucoup de rapport avec une méthode qui eſt en uſage en Allemagne, pour donner de la conſiſtance aux papiers ſur leſquels la plupart des Livres ſont imprimés dans ce pays. Ces papiers ſont ſi mauvais & ſi *fluants*, qu'ils ne pourroient ſouffrir le marteau ſans ſe rompre, & ſans que l'impreſſion ſe maculât encore davantage qu'elle l'eſt. Mais les Relieurs ſavent donner à leurs papiers un apprêt convenable. Je vais rapporter la méthode qu'ils pratiquent, telle qu'elle m'a été communiquée de Strasbourg, par M. de Regemorte, ancien premier Commis de la Guerre, qui a bien voulu faire les recherches néceſſaires chez les gens de l'Art.

Cette méthode conſiſte à faire une eau de colle, compoſée de trois quarterons de bonne colle de Cologne, diſſoute dans vingt-quatre pintes d'eau, en la faiſant bouillir un peu ſur le feu ; quand elle eſt retirée, on y jette un quarteron d'alun, & on fait paſſer le tout à travers une étamine, dans un vaſe de grandeur convenable : l'alun peut être placé dans ce vaſe ſans avoir été mêlé avec l'eau de colle.

Quand cette colle eſt préparée, on plie les feuilles une à une en deux ou *in-folio*, & on les poſe les unes ſur les autres. Le Colleur en prend quatre, cinq ou ſix par les deux extrémités du pli, & les fait paſſer dans l'eau de colle, entretenue à un degré de chaleur qui permette d'y tenir la main : il les laiſſe égoutter, & les poſe ſur une planche inclinée au baquet, en ſorte que la colle ſuperflue y retombe. Quand toutes les feuilles ont paſſé à la colle, on les ſépare pour les ſuſpendre une à une ſur des cordes de crin, où on les laiſſe ſécher avec la précaution de ne pas les expoſer au ſoleil dans la belle ſaiſon, ni de les tenir dans un appartement trop échauffé en hiver. Avant de ſuſpendre ces feuilles, on les met en preſſe, pour achever d'en exprimer la colle.

ARTICLE SECOND.

Régler ou Encadrer les Feuilles.

LES Livres qu'on lave ſont ordinairement réglés, c'eſt-à-dire, qu'on trace en tête, en queue & ſur la marge, des lignes rouges qui enferment l'imprimé & forment une eſpece de cadre aſſez agréable à la vue. Ces lignes ſe tracent avec une couleur rouge, qui eſt la même que celle dont on ſe ſert pour faire la marbrure en écaille, excepté qu'on ajoute à la décoction la valeur d'un demi-septier de vin rouge, & une cuillerée de vinaigre. Le titre courant qu'on met au haut des pages, est entouré d'une double ligne ; quand le Livre est imprimé à deux colonnes, on tire une ligne entre chaque colonne.

On se sert, pour tracer ces lignes, d'une regle de bois ordinaire, & d'un réglet de cuivre ; la regle est la même qui sert aux Dessinateurs. A l'égard du réglet, c'est un petit morceau de cuivre jaune plié en deux, dont le côté qui regle forme la rainure, & qui est attaché par le milieu d'un de ces côtés, à un morceau de bois de la longueur d'un manche de canif, de forme & de grosseur arbitraires, selon que chacun trouve plus commode.

ARTICLE TROISIEME.

Parfumer.

ENFIN quand on desire que le Livre soit parfumé, on emploie du musc ; les autres odeurs sont moins en usage, parce qu'on a beaucoup de peine à les faire prendre ; & que quand même on y parviendroit, elles ne durent que très-peu de temps.

Il n'y a que peu de personnes qui aient cette recherche pour leurs Livres ; mais il n'y a rien de si aisé que de leur donner du parfum : il ne faut que prendre une petite quantité, comme trois ou quatre grains de musc, qu'on met dans de l'eau de fleur d'orange, où l'on proportionne les doses d'eau & de musc à la quantité de feuilles qu'on veut parfumer ; on délaie le musc & l'eau dans un mortier avec un pilon ou même avec les doigts.

Cette préparation, qui est bien simple, étant faite, on prend une petite éponge qu'on trempe dans cette liqueur ; on la passe sur les deux côtés de chaque feuille, qu'on ôte à mesure, & qu'on étend sur des cordes pour les faire sécher. Il faut avoir soin que l'éponge passe sur toute la superficie des feuilles, autrement le parfum jaunissant toujours un peu, il se trouveroit des endroits de la feuille qui seroient moins blancs que d'autres, ce qui occasionneroit une sensible difformité.

Mais il y a encore un procédé bien plus simple pour parfumer un Livre ; il consiste à mettre dans une armoire où on enferme le Livre, une fiole dans laquelle il y ait du musc. On a vu des Livres ainsi parfumés, étant en feuilles ou brochés, prendre si bien l'odeur du musc, que la reliure ne la leur faisoit point perdre : plus on les battoit, plus l'odeur se faisoit sentir, & elle se soutenoit encore long-temps après que le Livre étoit revenu de chez le Relieur. On peut aussi parfumer de même les Livres déja reliés.

FIN.

EXPLICATION

EXPLICATION DES PLANCHES.

PLANCHE PREMIERE.

La Figure premiere repréſente la feuille *in-folio* ouverte & poſée ſur la table, la bonne lettre à main droite en-haut contre la table. Comme dans cette poſition on ne peut point voir cette lettre, on a fait un pli ou oreille au papier. La ligne ponctuée *a b*, repréſente l'endroit où on doit plier la feuille; ce pli paſſe par les trous des pointures *c*, *d*.

La Figure 2 repréſente le feuillet intérieur d'un *in-folio*, dont le cahier eſt compoſé de deux feuilles. Ce ſecond feuillet ſe met en dedans de celui de la Figure premiere. *e f*, Ligne ponctuée, dans le ſens de laquelle ſe plie ce feuillet. *g*, *h*, Trous des pointures.

La Figure 3 repréſente la feuille *in-quarto* ouverte & poſée ſur la table prête à être pliée, la bonne lettre à main gauche. *i k*, Endroit où la feuille ſera pliée. *l*, *m*, Trous des pointures.

Figure 4, la même feuille pliée ſuivant la ligne *i k*. *n o*, Ligne ſuivant laquelle la feuille eſt pliée en dernier.

La Figure 5 repréſente la feuille *in-octavo*, où on voit la bonne lettre à main gauche en bas contre la table. *p q*, Ligne dans le ſens de laquelle on plie cette feuille en premier lieu. *r*, *s*, Trous des pointures. *Fig.* 6, La même feuille pliée ſuivant la ligne *p q* de la Figure 5. *Figure* 7, Cette feuille pliée ſuivant *t u*, de la précédente Figure. Enfin la Figure 8 fait voir la même feuille totalement pliée.

La Figure 9 repréſente la feuille de l'*in-douze*, dont le feuilleton s'encarte: on voit la bonne lettre A à main gauche en haut contre la table, & à main droite le parallélogramme *c d g h* repréſente le feuilleton. *a b*, Ligne ſuivant laquelle on plie la feuille entiere. *e*, *f*, Les pointures. Au bas de la page 11, à main droite, on voit la ſignature A vj. *Figure* 11, Cette même feuille pliée en travers ſuivant la ligne *a b*, de la Figure 9: on voit alors la ſignature A v à découvert & à ſa main droite. *Figure* 13, Cette même feuille, où on fait voir le feuilleton *a b c d* de la Figure 11, plié & prêt à être ſéparé du gros cahier. *Fig.* 10, Ce feuilleton ſéparé mis ſur la table, la ſignature A v à main gauche en bas contre la table. *Figure* 12, Le gros cahier plié. *Figure* 14, le feuilleton auſſi plié & prêt à être inſéré au milieu du gros cahier.

La Figure 15 repréſente la feuille de l'*in-douze*, dont le feuilleton ne s'encartant pas, ſe met ſéparément & à côté du gros cahier: on voit la bonne lettre à la même position qu'à la Figure 9. Le parallélogramme *g b h c* à main droite, est le feuilleton dont on voit la signature B ij au bas de la page 19. *i*, *k*, Trous des pointures. *e f*, Ligne suivant laquelle on plie la feuille entiere. *Figure* 16, Cette feuille pliée en travers suivant la ligne *e f* de la Figure 15. *Figure* 17, représente le feuilleton *l m n o* rabattu & prêt à être séparé du gros cahier. *Figure* 18, Ce feuilleton plié. *Figure* 19, Le gros cahier plié finissant par la page 16, à côté de laquelle se met le feuilleton B, commençant par la page 17.

PLANCHE SECONDE.

La Figure 1 représente la feuille de l'*in-dix-huit* posée sur la table, la bonne lettre A à main droite en haut contre la table. Les lignes *ab*, *cd*, sont les endroits où on doit plier & couper les trois bandes signées *A*, *B*, *C*. *e*, *f*, Les trous des pointures qui se trouvent au milieu de la bande *B*. *Fig.* 2, La même feuille, à laquelle on a rabattu la bande *A*, pour la séparer de la bande *B*; on sépare de même la bande *B* de la bande *C*. La Figure 3 représente la bande *C* mise en travers sur la table, la lettre *C* à main gauche en haut, la face contre la table. *h i*, Ligne suivant laquelle on rabat la partie *h i m n* de cette bande qui doit faire le feuilleton. *Figure* 4, On voit ce feuilleton rabattu sur la bande. *Figure* 5, Ce même feuilleton plié & prêt à être inséré dans le gros cahier *Fig.* 6.

La Figure 7 représente la feuille de l'*in-vingt-quatre*. Comme cette feuille sert pour deux exemplaires, on commence par la couper en *m*, *n*, dans les trous des pointures *o*, *p*. *q*, *r*, Réglets qui servent à plier le feuilleton de la demi-feuille.

La Figure 8 est la moitié de cette feuille prête à être pliée. On voit à main gauche en bas contre la table, une des bonnes lettres A; l'autre B ne peut paroître, parce qu'elle est au bas de la page 17. *s t*, Ligne suivant laquelle on plie la bande *s s*, *t t*, qui doit être le feuilleton. *Figure* 9, Ce feuilleton séparé & plié. *Figure* 10, Le reste de cette demi-feuille plié suivant la ligne *u x* de la Figure 8. *y z*, Ligne ponctuée, dans le sens de laquelle on plie cette feuille pour la seconde fois. *Figure* 11, La même feuille, qu'il ne reste plus qu'à plier suivant la ligne *a b*, pour faire le gros cahier *Fig.* 12, à côté duquel on met le feuilleton *Fig.* 13.

PLANCHE TROISIEME.

La Figure 1 représente la feuille de l'*in-trente-deux*, imposé par demi-feuille. On voit une bonne lettre à main droite en-bas à découvert, & la bonne lettre de l'autre demi-feuille à main gauche aussi en-bas contre la table. *a b*, Ligne qui sert à séparer les deux exemplaires. *c*, *d*, Trous des pointures. *Figure* 2, La moitié de cette feuille séparée, mise sur la table pour être pliée suivant la ligne *e f*. *Figure* 3, Cette même demi-feuille pliée & coupée à la ligne *e f*, les deux parties l'une sur l'autre. On a fait voir par le moyen d'un petit pli, que les deux bonnes lettres doivent être à main gauche en-bas contre la table. *g h*, Ligne ponctuée suivant laquelle on coupe la moitié du feuillet B. *Figure* 4, Ce même feuillet prêt à être plié suivant la ligne *i k*. *Figure* 5, On plie ce même feuillet dans le sens de la ligne *l m*, & on a ainsi le cahier B, *Fig.* 6, qu'on met à côté du cahier A, *Fig.* 7.

La Figure 8 représente la feuille de l'*in-trente-deux* qui ne sert que pour un exemplaire. On voit à main gauche en-bas contre la table une bonne lettre A, & à main droite en-haut aussi contre la table, la bonne lettre C; les deux autres bonnes lettres B & D ne peuvent s'appercevoir, parce qu'elles sont aux pages 17 & 49, près la ligne *n o* contre la table. *p*, *q*, Trous des pointures: on coupe suivant la ligne *n o*. *t u*, Ligne ponctuée, suivant laquelle on plie & on coupe en deux la moitié *n r o s* de cette feuille.

PLANCHE QUATRIEME.

COMME le bas de cette Planche appartient entiérement à la suite de la Figure 8 de la précédente, on a marqué les figures qui y sont, de chiffres qui se suivent avec ceux de la Planche III.

Figure 9 : elle représente la seconde moitié de la feuille représentée *Fig.* 8, *Pl. III.* On y voit les bonnes lettres B & C à découvert, une à main gauche en-bas, l'autre à main droite en-haut. *a b*, Ligne ponctuée suivant laquelle on coupe cette seconde moitié de même qu'on a coupé la moitié de la Figure 8, par la ligne *t u*. *Figure* 10, Les quatre parties de cette feuille, séparées en quatre quarrés, & mises les unes sur les autres dans l'ordre où elles doivent être, c'est-à-dire, celle qui porte la bonne lettre A, la premiere sur la table, la lettre à main gauche en - bas contre la table, les autres par - dessus dans le même ordre. *Figure* 11, Un de ces quarrés plié suivant la ligne *c d* de la Figure 10. *e f*, Ligne ponctuée suivant laquelle on plie de nouveau ce quarré. *Figure* 12, On voit ce quarré prêt à être plié suivant la ligne *g h*, ce qui donne le cahier D, *Fig.* 13, qu'on met à côté du cahier C, *Fig.* 14, qui a été plié comme le précédent. On fait la même chose aux quatre autres.

La Figure 1 représente la feuille de l'*in-vingt-quatre* d'un seul cahier, qui sert pour deux exemplaires. On voit à main droite en - bas contre la table, une bonne lettre A, & à main gauche aussi en-bas, mais à découvert, l'autre bonne lettre A. *a b*, Ligne ponctuée qui sert à séparer les deux exemplaires. *c*, *d*, Trous des pointures. *Figure* 2, Une moitié de cette feuille, posée la bonne lettre à main gauche en - bas contre la table. *e s f r*, Partie de cette demi - feuille, qui sera pliée suivant la ligne ponctuée *e f*, pour faire le feuilleton. On voit *Fig.* 3, cette bande pliée & prête à être séparée. *Figure* 4, La bande séparée: on la plie d'abord suivant la ligne *i k*; puis suivant la ligne *p q*, *Fig.* 5. *Fig.* 6, la partie *e t f u*, *Fig.* 2, de cette feuille, qui doit faire le gros cahier plié suivant la ligne ponctuée *g h* de la Figure 2 ; on plie cette partie suivant la ligne ponctuée *l m*, *Fig.* 6 ; & puis suivant *n o*, *Fig.* 7 : on met dans le milieu le feuilleton *Fig.* 8.

PLANCHE CINQUIEME.

La Figure 1 représente la feuille de l'*in-soixante-douze*. On voit à main droite en-bas à découvert, les deux bonnes lettres A & B ; à main gauche contre la table, une autre bonne lettre A ; & à main gauche en-haut à découvert, deux autres bonnes lettres C & D. *a b*, Ligne ponctuée pour la séparation des deux exemplaires. *c*, *d*, Trous des pointures. *Figure* 2, Une moitié de cette feuille, où on voit la bonne lettre A à main gauche en-haut contre la table, & à main droite à découvert C & D. *e f*, Ligne ponctuée suivant laquelle on doit plier & séparer cette moitié de feuille. *g*, *h*, Réglets faits par l'Imprimeur, qui servent à la Plieuse pour plier le feuilleton.

PLANCHE SIXIEME.

Cette Planche sert encore à démontrer le plîment de la feuille de l'*in-soixante-douze*, qui est la plus difficile de toutes à plier.

Figure 1, la moitié de la feuille, celle qui étoit représentée ouverte dans la Figure 2 de la Planche précédente : on la voit ici pliée suivant la ligne ponctuée *e f*, de la Figure précédente. *Figure* 2, La partie *C* de cette moitié séparée dont on a plié la bande *D*, suivant la ligne ponctuée *a b*, de la Figure 1. *Figure* 3, Cette bande séparée & mise en travers, dont on leve encore une petite bande quarrée *c c d d*, en la pliant dans le sens de la ligne ponctuée *c d*. *Figure* 4, Cette petite bande *c c d d*, qu'on plie suivant la ligne *g h*, pour en former le petit cahier *Fig.* 5.

La Figure 6 est le reste de la bande *c e d f*, dont on met la lettre D à main gauche en-haut la face contre la table ; on plie d'abord cette bande suivant la ligne ponctuée *i k*, puis suivant la ligne *l m*, pour en former un cahier *Fig.* 7, au milieu duquel on insere le cahier *Fig.* 5.

Figure 8, est ce qui reste de la partie *C* de la demi-feuille, après qu'on l'a coupée en *a b*, *Fig.* 1 ; on plie cette partie de feuille suivant la ligne ponctuée *n o*. *Figure* 9, On voit cette feuille ainsi pliée. *p q r s*, Morceau qui doit être plié en *pr*, & séparé du gros cahier. *x y*, Endroit où sera pliée la feuille qui doit faire le gros cahier. *Figure* 10, La ligne ponctuée *t u*, indique l'endroit où on doit plier la bande *p q r s*, pour former le feuilleton *Fig.* 11. Le gros cahier *Fig.* 12, se plie en *z*, & on met au milieu le cahier de la Figure 11.

PLANCHE

PLANCHE SEPTIEME.

CETTE Planche fait voir le plîment de la feuille de l'*in-cent-vingt-huit.* Quoique ce format paroiſſe fort difficile à plier, on peut voir dans le diſcours & dans la préſente Explication, qu'elle eſt une des plus aiſées, puiſqu'elle ſe plie abſolument comme l'*in-octavo.*

La Figure 1 repréſente la feuille entiere qui ſert pour deux exemplaires. *a b*, Ligne ponctuée, dans le ſens de laquelle on plie & on coupe. *a m b y*, Moitié de cette feuille, qu'on partage d'abord en quatre quarrés, deux égaux, *a m f n*, *f n b y*; puis chacun de ces quarrés en quatre autres quarrés auſſi égaux, 1, 2, 3, 4; 5, 6, 7, 8. *Fig.* 2, *o p k l*, Un de ces huit quarrés, qu'on voit poſé ſur la table prêt à être plié ſuivant la ligne *q r*. *Fig.* 3, Ce quarré plié & prêt à l'être de nouveau dans le ſens de la ligne *s t*. *Fig.* 4, on le plie ſuivant *u x*, ce qui donne le cahier *Fig.* 5.

En répétant cette opération ſur les autres cahiers de chaque demi-feuille, toute la feuille ſe trouve pliée.

PLANCHE HUITIEME.

LA Figure 1 du haut de la Planche, repréſente le Batteur tenant d'une main une battée, & de l'autre ſon marteau. *A*, La pierre à battre.

La Figure 2 repréſente la Couſeuſe aſſiſe devant ſon couſoir, ſur lequel on voit les cahiers qu'elle prend à meſure qu'elle en a beſoin, la pelote de fil & les ciſeaux.

La Figure 3 fait voir le Rogneur pouſſant ſon couteau ſur la preſſe à rogner, qui eſt poſée ſur le porte-preſſe *Fig.* 4 du bas de la Planche.

La Figure 1 du bas de la Planche, repréſente le marteau des Relieurs. *b*, le manche; *c*, la tête; *d*, la panne.

Figure 2, le Couſoir. *B*, la Table. *l*, *l*, *l*, *l*, Montants de bois qui forment les pieds de la table. *m*, *m*, Traverſes. *n n*, Barre qui aſſujettit les pieds. *c c*, Entaille qui reçoit les ficelles *d*, *d*, *d*, *d*. *r*, *r*, *r*, Nœuds par leſquels on attache aux entre nerfs les ficelles *d* qui forment les nerfs. *s*, *s*, *s*, *s*, Entre-nerfs. *f*, *o*, Vis de bois poſées perpendiculairement dans la table. *f*, Le manche ou la poignée de ces vis. *e e*, Arbre ſur lequel paſſent les entre-nerfs, & qui tient les deux vis dans une ſituation horiſontale. *p*, *p*, Quarrés percés de trous taraudés en écrou, dans leſquels paſſent les vis. *q*, *q*, Boutons qui terminent ces écrous. *h h*, Templet ou regle de bois, qui ſert à fermer l'entaille *c c*, où paſſent les ficelles. *g*, *g*, Les chevillettes. On voit ſur la même table l'aiguille courbe qui ſert à coudre, le peloton de fil & les ciſeaux.

Figure 3, la Preſſe à rogner. *H*, *I*, Les jumelles de la preſſe. *M*, *M*, Les clefs. *L, L*, Les vis. *n n*, Collet qui reçoit les chevilles plates ou tenons *K, K. t t*, Mortaise dans laquelle entrent ces chevilles. Les deux lettres *m m* marquent sur la tête des vis les trous dans lesquels entre le barreau *x*. Sur la jumelle *I*, est une tringle de bois *u u* qui sert à renforcer la jumelle. *k k*, Ecrou qui reçoit la vis. *i i*, Trous dans lesquels passent les clefs *MM, i i.* Sur la jumelle *H*, sont les mêmes trous qui reçoivent les clefs *M M. k, k*, Les écrous des vis. *l l*, Tringle taillée en queue d'aronde. Les pieces *N, O, Q, R*, sont les pieces qui composent l'espece de petite presse, dont l'assemblage fait la monture du Couteau. *O*, Jumelle de la droite, qu'on appelle le *talon*. *N*, Celle de la gauche appellée l'*écrou*. On voit sur cette jumelle les deux trous *p, p*, qui reçoivent les clefs *Q, Q*, l'écrou *q* de la vis *R*, & la rainure *o o*, qui s'emboîte dans la tringle à queue d'aronde *l l* de la grande jumelle *H. Q, Q*, Les deux clefs. *R*, La vis qui fait marcher la lame du Couteau. Sur la jumelle *O* de la droite, on voit les mortaises *q, q*, des clefs *Q, Q*, l'écrou *r* de la vis, l'entaille quarrée *p*, qui reçoit le talon *q* de la lame du Couteau *P*. Au fond de cette entaille on voit un trou quarré qui répond à celui *q* du talon du Couteau, dans lequel on introduit le clou à vis *S*, dont la tête arrête le talon du Couteau. *P*, la lame du Couteau. *S*, Clou à vis. *T*, Ecrou de fer qui arrête fermement le Couteau contre la jumelle.

Figure 4, le Porte-presse. *i, i, i, i*, Montants. *k, k*, Traverses. *h, h*, Planches de sapin qui forment le coffre *G*.

Figure 5, Livre serré entre deux ais *F*, appellés *Membrures*, pour être endossé.

Figure 6, Maniere de fouetter les Livres.

Figure 7, *C, C, C*, Ais appellés *Membrures*, qui se mettent au commencement & à la fin du paquet de Livres qu'on veut endosser.

Figure 8, *E, E, E*, Autres ais faits de merrain, nommés *Entre-deux*, & qui se mettent entre les volumes.

PLANCHE NEUVIEME.

La Figure premiere représente la maniere dont on coupe les Cartons pour les *in-folio*. *C D*, Ligne suivant laquelle on coupe le Carton.

Figure 2, Carton pour l'*in-quarto*, fendu suivant la ligne *A B*, & coupé suivant *CD*, ce qui donne quatre quarrés *a, b, c, d*.

Figure 3, Carton pour l'*in-octavo*, fendu en *A B*, & coupé par les lignes 1, 2, 3, ce qui donne quatre bandes *a, b, c, d*.

Figure 4, Carton pour le grand *in-douze*, fendu suivant la ligne *A B*, & coupé en cinq bandes *a, b, c, d, e*.

Figure 5, Carton pour le petit *in-douze*. *A B E F*, La feuille entiere fendue suivant la ligne *G H*. *AB CD*, Bande qu'on leve. *C D E F*, Reste de la feuille, fendue suivant les lignes *N O, P Q*, & coupée en *I K, L M*.

La Figure 6 repréſente la maniere dont on pique les cartons, & dont on les attache avec les pointes des nerfs. *a*, *b*, *c*, Les trous qui doivent recevoir ces pointes.

Figure 7, On voit les bandes de parchemin qui forment les entre-nerfs. *a a*, *b b*, Entre-nerfs de la tête & de la queue, qui ſe recouvrent. *c*, Entre-nerf du milieu, qui ſe colle de gauche à droite. *d*, Autre entre-nerf du milieu, qui ſe colle de droite à gauche.

Figure 8, *a b c*, Bouts des entre-nerfs qui ſe collent en dedans ſur le carton, & forment ce qu'on appelle les *Gardes*.

Figure 9, Bande de parchemin, dont la partie échancrée *a b c d e*, forme des entre-nerfs, pendant que celle *A* ſert de garde.

Figure 10, Le Livre tranche-filé. *AC*, Tranche-file double. *B D*, Tranche-file ſimple. *g h*, Paſſe faite à l'aiguille pour aſſujettir la tranche-file. *n*, Nœud pour arrêter.

Figure 11, Deux noyaux ſervant à la tranche-file double. *a a*, Gros noyau qui conſerve le nom de *Tranche-file*. *b b*, Petit noyau appellé *Chapiteau*.

Figure 12, Noyau pour la tranche-file ſimple.

Figure 13, Le Livre poſé dans la Preſſe à tranche-filer. *CC*, *D D*, Les jumelles de la preſſe. *E E*, *F F*, Les vis qui la ſerrent. *o*, Le noyau de la tranche-file. *dd*, Une des aiguillées de ſoie. *c c c*, L'autre aiguillée qui paſſe ſur la premiere *d d*, & revient embraſſer le noyau *o*.

Figure 14, L'aiguille enfilée des deux aiguillées de ſoie au bout l'une de l'autre. *d*, L'endroit où on arrête le fil. *e*, Le nœud qui joint enſemble les aiguillées.

Figure 15, La tranche-file double. *a a*, Le gros noyau. *b b*, Le chapiteau. *d d*, Une des aiguillées de ſoie. *c r s a t e*, Seconde aiguillée qui paſſe par-deſſus la premiere *d d*. *q*, La petite chaînette.

Fig. 16. On voit la marche des deux aiguillées dans cette opération; *d d* paſſant deſſus *c*, derriere le gros noyau *a a*, par-deſſus le chapiteau en *d*, de-là par derriere ce chapiteau, pour revenir paſſer ſur le gros noyau. *A* repréſente la chaînette. On a, dans cette Figure, beaucoup groſſi les objets & écarté les deux noyaux, afin de laiſſer appercevoir, au moyen des lignes ponctuées, la route de la ſoie.

Figure 17, Maniere de couper la peau pour couvrir le Livre. *a b c d*, La peau ouverte placée ſur une table. *A A*, La table. *e*, *e*, *e*, Des Livres poſés ſur la peau. *f*, *f*, *f*, Autres Livres qu'on poſe debout ſur les premiers pour les aſſujettir. *B C*, *D E*, *F*, Lignes qu'on trace pour couper la peau. *B*, Plioir. *C*, Ciſeaux.

PLANCHE DIXIEME.

Figure 1, Regle qui ſert à couper le carton.

Figure 2, Pinceau à marbrer.

Figure 3, Dent de loup emmanchée de bois pour brunir la tranche.

Figure 4, Eſpece de ſcie à main, appellée *Grecque*, avec laquelle on fait les entailles au dos des Livres pour loger la grecquure, ou les nerfs de ceux qui ſont reliés à la grecque.

Figure 5, Fer à polir le cuir de la couverrure ſur le plat en dehors.

Figure 6, Pointe à couper le carton.

Figure 7, Grattoirs de différentes grandeurs.

Figure 8, Grattoir formé comme un ciſeau de Menuiſier, & dont l'extrémité eſt armée de dents pour piquer le dos du Livre, & faire mieux entrer la colle.

Figure 9, Broſſe qui ſervoit autrefois à étendre la colle.

Figure 10, Plioir.

Figure 11, Morceau de cuir dont les Relieurs s'enveloppent la main quand ils fouettent, pour que la corde ne leur coupe pas le dedans de la main.

Figure 12, Marteau à endoſſer.

Figure 13, Ciſeaux.

Figure 14, Pelote ordinairement faite de corde ou de natte pour mettre les poinçons.

Figure 15, Poinçons de différentes grandeurs.

Figure 16, Dague à ratiſſer les peaux. *g*, Manche de bois. A l'autre bout on voit une autre maniere d'emmancher cette dague en l'entortillant ſeulement d'un morceau de cuir.

Figure 17, Pierre à parer.

Figure 18, Autre pierre à parer plus petite.

Figure 19, Couteau à parer: on voit la peau qui enveloppe une partie de la lame.

Figure 20, Pot à la colle de farine, avec ſa broſſe ou pinceau.

Figure 21, Douve ſur laquelle on ratiſſe les peaux après qu'elles ont été mouillées & battues.

Figure 22, Ais à couper le carton.

Figures 23 *&* 24, Preſſes à endoſſer; l'une eſt vue aſſemblée, dans l'autre les pieces ſont vues ſéparément. *L L*, *M N*, Les jumelles. *o*, *o*, *o*, *o*, Les clefs qui ſervent à les aſſembler. *m*, *m*, *m*, *m*, Les vis. *M*, la jumelle d'en-bas. *p*, Mortaiſe par où paſſent les clefs. *n*, Trous des vis. *N*, La jumelle d'en-haut. *p*, *p*, Mortaiſes des clefs. *s*, *s*, Trous des vis. *Q*, *Q*, Ais à endoſſer. *R*, Livre qu'on endoſſe. *r*, Blanc de la vis. *q q*, Trou par où paſſe le barreau à ſerrer les vis.

Figure

Figure 25, Presse à tranche-filer vue assemblée en *S*, & détaillée à la Figure au-dessus. *TT*, *tt*, Les deux jumelles. *VV*, *uu*, Les deux vis, & aussi les écrous de ces vis. *x*, Livre.

Figure 26, *A*, *A*, Grande presse assemblée, avec toutes ses parties désassemblées. *d*, *d*, Les deux jumelles. *b*, *b*, Pieds qui portent les jumelles. *c*, Table sur laquelle on pose les Livres, qui embrasse par le bas les jumelles, avec lesquelles elle est clavettée. *e*, Le sommier qui embrasse par le haut les jumelles, sur lesquelles il est pareillement clavetté. *h*, La platine. *g*, La longue piece sur laquelle pose la vis. *f*, La vis. *i*, Les ais. *k*, Les Livres.

B, *B*, Pieds de la presse qui portent les deux jumelles. *c*, *c*, Mortaises dans lesquelles s'emboîtent les jumelles. *C*, Table sur laquelle on range les Livres entre les ais à presser. *d*, Entailles qui servent à embrasser les jumelles. *D*, Jumelle vue par dedans. *e*, Tenon de la jumelle vue en dedans, qui se met dans la mortaise du pied. *f*, *f*, Entailles du bas de la jumelle, à la faveur desquelles la table embrasse la jumelle. *gg*, Longue mortaise ou rainure dans laquelle coulent les tenons de la platine *h*, qui la font monter & descendre à volonté. *h*, *h*, Entailles du haut de la jumelle, qui sont embrassées par le sommier. *E*, La seconde jumelle vue par en dehors ou par le côté opposé à la longue mortaise. *f*, Tenon qui entre dans le pied. *g*, Entaille du bas. *hh*, Entaille du haut. *F*, Sommier qui est traversé par la vis. *g*, Ecrou de la vis. *h*, *h*, Entailles qui font que le sommier embrasse les jumelles par le haut.

G, La vis. *h*, *h*, Trous quarrés ou mortaises dans lesquelles passe le barreau pour presser. *m*, La tête de la vis. *i*, Le collet. *H*, Longue piece sur laquelle presse la vis, & qui entre dans la rainure de la platine. *i*, Trou qui reçoit la tête *m* de la vis. *k*, Mortaise dans laquelle on fait entrer la clef *l*, qui se loge dans le collet *i* de la tête *m*, & empêche que cette tête ne sorte de la longue piece. *I*, Platine. *k*, Rainure de la platine qui reçoit la longue piece *H*. *l*, *l*, Tenons qui entrent & coulent librement dans les grandes entailles ou mortaises *g* des jumelles *d*, *d*, de la grande presse, ce qui donne à cette platine la facilité de monter & de descendre pour serrer ou desserrer à volonté les Livres qui sont sur la table *C*. *K*, *K*, Ais à mettre entre les Livres : ils sont de différentes grandeurs, suivant les différents formats.

PLANCHE ONZIEME.

Figure 1, à la Vignette on voit une Ouvriere, qui, avec un pinceau, met sur la tranche des Livres la couche qui fait prendre l'or : elle a devant elle sur le bord de sa presse, le chassis dans lequel elle met son livret d'or, l'or tout coupé, & le linge qui lui sert à essuyer.

Figure 2, Ouvrier qui applique des feuilles d'or sur le dos d'un Livre. Sur la table à côté de lui, on voit le coussin *B* sur lequel on met l'or taillé en morceaux.

Figure 3, Ouvrier qui pousse des filets avec la roulette. *C*, Fourneau dans lequel on fait chauffer les roulettes & les fers à dorer.

Figure 4, Baquet dans lequel il y a un petit fourneau, & sur lequel on met sécher les Livres dorés avant que de brunir la tranche.

Bas de la Planche.

Figure 1, *A*, Couteau à couper l'or.

Figure 2, *H*, Compas de fer qui sert de couchoir.

Figure 3, *B*, Coussin où on met l'or coupé.

Figure 4, *I*, Le Chassis où l'on met l'or coupé & le livret.

Figure 5, *K*, Racloir pour gratter la tranche.

Figure 6, *C*, Autre Racloir.

Figure 7, *D*, Dent de loup ou de chien, qui sert à brunir la tranche des Livres.

Figure 8, *L*, Autre brunissoir fait d'agate.

Figures 9 & 10, *E*, *M*, Tringle de bois qu'on met entre les feuillets & le carton du Livre pour faire serrer la tranche.

Figure 11, *F*, Pot à glairer. *G*, son pinceau.

Figure 12, *N*, Pot à mettre la couche de mordant avec son pinceau *O*.

Figure 13, La Presse à dorer sur tranche. 1 1, 2 2, Les jumelles.

Figure 14, Le barreau.

Figures 15 & 16, *a b*, Palettes à filets.

Figures 17, 18 & 19, *c d*, Palettes à bordures.

Figures 19, 20 & 21, Fers à armes. *e*, *fig.* 19, est une Arme vue par dessus. *y*, *fig.* 34, fait voir ce même fer par dessous : on voit les deux tenons qui entrent dans la monture. *Fig.* 20, *f*, La monture faite de plusieurs cartons collés l'un sur l'autre. 1, 2, Les trous dans lesquels entrent les deux tenons de la Figure 34. *Figure* 21, représente une espece de fers à armes, dont on se servoit autrefois, mais dont on ne se sert plus aujourd'hui.

Figure 22, *h*, Livret à feuilles d'or.

Figure 23, *i*, Pinceau à mettre le mordant. *k*, Pot qui renferme le mordant.

Figure 24, Presse à tirer les Armes. Elle ressemble beaucoup à la grande Presse : elle est, comme cette premiere, composée de deux jumelles qui portent sur deux pieds, d'un sommier qui embrasse les jumelles par le haut, d'une table sur laquelle on pose le Livre, d'une platine qui, par le moyen de deux tenons, coule dans deux rainures ou mortaises pratiquées dans la partie intérieure des deux jumelles. Le bas de cette Presse est une armoire dans laquelle on renferme des Fers à dorer, des Armes & autres ustensiles.

Figure 25, *t*, Pot à l'huile. *s*, Eponge au bout d'un manche.

Figure 26, Compas à couper l'or.

Figure 27, *q*, Brosse.

Figure 28, Boîte remplie de lettres ou alphabets pour imprimer sur le dos des Livres.

Figure 29, Une de ces lettres vue séparément & plus en grand.

Figures 30, 31, 32, *l*, *m*, *n*, Palettes à roulettes pour pousser des filets ou de petites dentelles sur le dos, sur le plat, sur les bords & sur les bordures des Livres.

Figure 33, *x*, Couchoir de buis.

Figure 34, *y*, l'Armoirie de la Figure 19, vue par dessous pour faire appercevoir les deux tenons *b*, *b*, qui entrent dans le carton.

PLANCHE DOUZIEME.

Figure 1, Livre préparé pour être doré à compartiments. *a*, Couleur naturelle du veau. *b*, *b*, Pieces de maroquin de diverses couleurs, qui représenteront les différentes parties du dessein.

Figure 2, Livre vu par le dos, sur les nervures duquel on a représenté les différentes sortes de filets qui s'y poussent.

Figure 3, Livre vu par le côté de la tranche. *ab* représente le bord de la tranche du carton. Sur la tranche des feuillets on voit des desseins de différents goûts qu'on exécute sur les Livres, qu'on appelle *antiqués sur tranche*. On voit dans le milieu de cette tranche un cartouche, qu'on peint quelquefois en miniature.

Figure 4, Livre doré portant une dentelle qui se fait avec un seul fer de cette grandeur, qu'on appelle *Plein-or*. *Fig.* 6, Autre Plein-or avec un vase dans le milieu du champ.

Figure 5, Livre doré avec des fers détachés, ce qui se pratique aux *in-folio* & aux *in-quarto*. *a*, *e*, Petits milieux. *d*, *h*, Grands milieux. *b b*, *g f*, Coins. *c i*, *c i*, Petits fers qui remplissent les vuides d'entre les coins & les grands milieux. *k*, *k*, Armes.

PLANCHE TREIZIEME.

Elle représente la maniere dont on tranche-file les gros Livres de chœur, & la garniture qu'on met sur leurs couvertures.

Figure 1, On voit la façon de passer la laniere de peau pour faire la tranche-file simple.

Figure 2, Tranche-file double. On voit en *k l m f*, la seconde chaînette qui se pratique à cette opération.

Figure 3, Le Livre tranche-filé vu par le dos. On voit en *e* la partie de la laniere qui doit recouvrir la tête des chaînettes. Au bas de ce même Livre en *f*, on voit ces chaînettes recouvertes par la laniere.

Figure 4, Le Livre vu par le côté de la gouttiere, pour qu'on puisse voir la seconde chaînette de la tranche-filure double qui pose sur les feuillets du Livre.

Figure 5, Fer à fileter. Il sert à pousser sur les plats les filets *a*, *b*, *c*, *d*, *e*, *f*, *Fig.* 6 & 7.

Figure 6, Le Livre vu par un des plats, pour faire appercevoir les filets. *s*, Bourdon de cuivre jaune qui reçoit la laniere servant à tenir le Livre fermé.

Figure 7; *o* & *p* représentent les deux lanieres, l'une ouverte, l'autre fermée: on voit comment elles sont attachées avec des clous de cuivre. *h i k l*, Bossettes de cuivre. *m m* & *n n*, dans cette Figure & dans la précédente, représentent les coins & les bandes de cuivre qui garnissent les bords & les angles du Livre.

Figure 8, Aiguille à tranche-filer.

Figure 9, Bossette vue de face.

Figure 10, La même vue de profil.

Figure 11, Bourdon.

PLANCHE QUATORZIEME.

On a représenté dans cette Planche tout ce qui appartient à la reliure des grands Porte-feuilles de Bureau, qu'on appelle *Reliure de Lyon*.

Figure 1, *A*, Le Livre cousu & tranche-filé. *a*, *a*, Nervures. *b*, *b*, *b*, Chaînettes qui se font entre les nervures. *c*, *c*, Chaînettes de la tête & de la queue. *d d*, Tranche-file. *ee*, Tiret de parchemin qui doit embrasser le nerf & attacher le carton *C* avec le dos du Livre. *f*, *f*, Trous du carton par où passe le tiret. *g g*, *h h*, Autres endroits du nerf où on fait passer d'autres tirets. *i*, *i*, Endroits où l'on met les faux tirets. *i k*, Charniere formée par la réunion des deux cartons *B C* unis ensemble par une bande de parchemin. *m*, *m*, Trous de la charniere par où on fait passer les pointes *a*, *a*, des nerfs. *l l*, Autres trous par où les pointes des nerfs repassent de dehors en dedans du carton.

Figure 2, Le Porte-feuille vu de côté & par dehors. *A B*, Le dos. *C D*, Filet qu'on pousse sur le milieu du plat de la couverture. *E F G*, Différentes manieres de passementer les pattes. *a*, *a*, Ornements au fer sans dorure, qu'on pratique quelquefois sur ces couvertures; mais ordinairement on ne les couvre qu'en basane verte.

Figure

Figure 3, *A B*, Le dos vu séparément. *a*, Les ornements sur le cuir. *c c*, Les pattes. *b d*, Les deux bouts du tiret *ee*, *ff* de la Figure 1. 1, 2, 3, 3, Trous pour recevoir les autres tirets. *e f*, *g g*, *h h*, Tirets qui passent sous les nerfs. *l l*, *l l*, Faux tirets.

Figures 4 & 5, *A*, Partie de la patte qui est sur le plat de la couverture vue par en dessous & collée sur un fort papier *d*. *B*, La même patte vue en dessus, à laquelle on voit, ainsi qu'à la précédente, la maniere de les passementer avec les cordonnets.

PLANCHE QUINZIEME.

Cette Planche est destinée à donner une idée de la maniere dont les Livres Chinois sont reliés.

Figure 1, représente un Livre relié & couvert d'étoffe de soie. On a ouvert un peu la premiere feuille pour faire appercevoir la maniere dont ces Livres sont imprimés. *A A*, Le côté de la tranche par où se forme le dos du Livre. *B B*, Le côté où la feuille est pliée en deux, & qui répond au côté que nous appellons *la Gouttiere* ou *la Tranche*. *DD*, Marge du Livre. *ff*, Couture qui embrasse le Livre dans sa longueur. *b b*, *c c*, *d d*, Autres coutures transversales. *F F*, Doubles coutures qu'on fait en tête & en queue des Livres auxquels on veut donner plus de solidité & d'agrément. *G*, Etoffe à fleurs dont on fait la couverture. *I I*, Bande de papier qui borde le dos du Livre.

Figure 2, Autre Livre dont la tête & la queue sont cousues à une simple couture.

Figure 3, Livre représenté ouvert: on voit en *B* l'endroit où la feuille se plie. *C* représente les deux faces de la feuille qui ne sont point imprimées, & qui se plient l'une contre l'autre.

Figures 4 & 5, Livres Turcs, qu'on appelle *reliés en Porte-feuille*. Cette reliure est si simple & si approchante, qu'elle ne nous paroît pas avoir besoin d'une plus ample explication.

PLANCHE SEIZIEME.

Les Figures 1 & 2 appartiennent à l'Article où nous avons traité de la dorure tant de la tranche que de la couverture. La premiere fait voir comment le Doreur sur tranche tient son couchoir ouvert pour prendre la feuille d'or. La seconde représente la maniere dont les Doreuses sur cuir tiennent leur couchoir de bois.

Figure 3, Livre de figures Chinois dans sa boîte, qui est assez semblable à celles de carton que vendent nos Papetiers. Elle est représentée fermée. *A B*,

C D, Les deux charnieres. *E*, Etoffe dont on couvre cette boîte. *a b c*, Petite cheville de buis ou d'ivoire qui tient à une bande de cuir, & ſert à fermer la boîte. *d*, Bande de papier ſur laquelle on écrit le nom du Marchand ou le titre du Livre.

Figure 4, Livre aſſemblé comme les feuilles d'un paravent, & vu ouvert. *D* eſt l'eſtampe ou la figure. *F*, Le diſcours ou l'explication de la figure. *c c*, Bande d'étoffe dont on entoure le bord de chaque feuille.

La Figure 5 repréſente ce Livre fermé, & la maniere dont la boîte ſe ferme, en rabattant d'abord le côté *C* ſur la derniere feuille, enſuite le côté *E* ſur *C*.

Fin de l'Explication des Planches.

EXPLICATION DES TERMES
EMPLOYÉS
DANS L'ART DU RELIEUR.

A

AFFINER le Carton ; c'eſt coller deſſus des feuilles de papier ou de parchemin, pour lui donner de la fermeté, *page 32*.

AIS : on donne ce nom à des planches de bois de hêtre très-polies, de la largeur du merrain dont ſe ſervent les Tonneliers. Les Relieurs ont pluſieurs de ces Ais ; ſavoir, les Ais à endoſſer, *page 36* ; à preſſer, *page 40* ; à rogner de devant, de derriere, *page 43* ; à fouetter, *page 58*.

Les Relieurs appellent auſſi *Ais*, un carton qui ſert pour couvrir certains Livres, *pages 29, 30*.

ANE, coffre de planches de ſapin, qui ſert à porter les différentes preſſes. On l'appelle plus volontiers *Porte-preſſe*, page 42.

ANTIQUER ſur tranche ; c'eſt faire ſur la tranche d'un Livre divers ornements, *pages 45, 50*.

ARMES. On donne ce nom à des Fers à dorer, qui ſe tirent avec la preſſe & qui ſe mettent ſur le milieu des couvertures.

ASTÉRISQUE, petite étoile que les Imprimeurs mettent à côté des lettres de ſignature au bas des pages d'un Livre, pour indiquer que ce ſont des cartons.

B

BASANE, peau de mouton paſſée au tan, que les Relieurs emploient au lieu de veau à couvrir les Livres. Il y en a de très-bien préparées & qui imitent aſſez bien le veau pour qu'on y ſoit trompé au premier coup d'œil, *page 54*.

BATTÉE. On appelle ainſi la portion des feuilles d'un Livre qu'on bat ſur la pierre ; ſuivant que le Livre eſt plus ou moins gros, on le partage en plus ou moins de battées.

BATTRE ; c'eſt applatir les feuilles d'un Livre avec un marteau, pour rendre les Livres faciles à s'ouvrir : il y a des papiers difficiles à battre. Les Relieurs battent les cartons quand ils ſont attachés au volume, pour que la peau s'applique mieux deſſus ; enfin on dit *battre les ficelles* pour en applatir le bout ; *battre les plats* du Livre, *pages 17, 32, 33, 61*.

BERCER ; c'eſt balancer un peu de droite & de gauche les feuillets du Livre, pour les faire remonter du dos vers la gouttiere, *page 44*.

BORD du carton ; c'eſt l'extrémité de la coupe du carton, tant à la tête & à la queue, qu'au côté oppoſé au dos, *pages 66, 71*.

BORDURE du carton ; c'eſt la partie du carton en dedans de la couverture, qui excede la tranche du Livre, *pages 66, 72*.

BOURSOUFFLER ; c'eſt à-peu-près la même choſe que *Bercer*, page 44.

BROCHER ; c'eſt, après avoir plié les ficelles d'un Livre & les avoir aſſemblées, les coudre enſemble à deux nerfs ſeulement, & les couvrir de papier bleu ou marbré ſans les battre ni les couper. Il y a des Livres qui, par leur peu de mérite ou la petiteſſe du volume, ont pris le nom de *Brochures*. Les Libraires vendent beaucoup de Livres brochés, parce que bien des gens veulent faire relier leurs Livres à leur goût.

C

CAHIER (gros) : nom qu'on donne à la partie la plus conſidérable de la feuille des *in-douze*, *in-vingt-quatre* & autres ; la plus petite s'appelle *petit cahier* ou *feuilleton*, pages 7, 10.

CAMBRER ; c'eſt en effet donner aux plats de la couverture une convexité extérieure dans le ſens de leur longueur, pour que les bords du carton ſerrent davantage les feuilles, *page 77*.

CAMELOTES, nom qu'on donne à de petits Livres d'heures ou de dévotion, qui ſe vendent à bas prix, *page 19*.

CARTON. On appelle ainſi dans les Imprimeries des feuilles qu'on imprime ſéparément, pour ſubſtituer à d'autres feuilles d'un Ouvrage, dans leſquelles il y a des fautes trop conſidérables pour pouvoir être miſes à l'Errata du Livre. Les Cartons proprement dits, dont les Relieurs se servent pour couvrir les Livres, ont différents noms; savoir, le *grand-Aigle* ouvert, la *grande Bible*, le *Catholicon* sans barre, le *petit Ais* sans barre, le *Saint-Augustin*, la *grande Bible* ordinaire, le *Catholicon* ordinaire, le *petit Ais* ordinaire, *pages* 16, 29, 30.

CASSER la battée, se dit quand le Batteur ne dirigeant pas bien son marteau, des feuilles se trouvent coupées, *page* 18.

CHAÎNETTE, espece de petite boucle qu'on fait avec le fil qui sert à coudre les cahiers sur les nerfs, en l'arrêtant dans la grecquure de la tête & de la queue, *page* 20.

CHAIR du parchemin ou d'une peau, est le côté qui touche la peau de l'animal; le côté du poil s'appelle la *fleur*.

CHAPITEAU, petit noyau de la tranche-filure double, *page* 53.

CHARNIERE, nom que les Papetiers, qui font la reliure de Lyon, donnent à ce que les Relieurs nomment le *mords du Livre*, page 85.

CHASSE : on dit donner de la chasse au carton; c'est lui donner assez de jeu pour qu'il puisse se mettre à volonté au niveau de la tête ou de la queue, jusqu'à ce que le Livre ait été rogné; car après la rognure on l'assujettit fermement, *pages* 33, 42, 57.

CHEVILLETTE, instrument de cuivre qui sert à arrêter sous la table du Cousoir, les ficelles qui forment les nerfs du Livre, *page* 22.

COEFFER la tranche-file; c'est rabattre dessus le cuir de la tête & de la queue, *page* 58.

COINS, Fers de figure triangulaire, qui servent pour faire des ornements dans les angles du dos ou du plat de la couverture, *page* 69.

COLLATIONNER; c'est parcourir toutes les feuilles d'un Livre depuis la premiere jusqu'à la derniere, après qu'elles ont été pliées en cahiers, pour s'assurer s'il n'en manque point, si elles sont bien placées, en un mot si le volume est complet, *page* 15.

COMPARTIMENTS (dorure à); c'est une magnificence de dorure & de pieces de rapport en cuir de toutes sortes de couleurs & rapportées, formant des dessins & ornements de bon goût. Elle ne se pratique guere, *page* 73.

COMPAS, instrument de fer qui sert aux Doreurs sur tranche, à coucher l'or sur la tranche, *page* 49.

COUPER le carton; c'est en séparer un morceau en deux, *page* 31. On dit aussi *couper les cahiers*, pour dire en séparer la totalité en plusieurs lots, pour n'en battre qu'une petite quantité à la fois, *page* 17.

COUSOIR, table qui porte un chassis vertical servant à coudre les feuilles d'un Livre, *page* 21.

CUL (faire du): on dit qu'un Livre fait du cul quand il est plus rogné vers l'ouverture que vers le dos, *page* 43.

D

DAGUE, espece de lame d'épée, qui sert aux Relieurs à ratisser leur cuir, *page* 55.

DÉFOUETTER; c'est ôter les ficelles qui serroient le Livre entre les ais pour le faire sécher au feu, *page* 60.

DÉTORTILLER les ficelles; c'est en effet détordre le bout des ficelles qui forment les nerfs du Livre, *page* 28.

Dos du parchemin. Voyez *Fleur*.

DOUVE, planche mince qui a à peu-près la forme d'une douve de tonneau, sur laquelle on ratisse le cuir, *page* 55.

DRAPEAUX, lambeaux de linge usé, qui servent à essuyer le cuir qu'on a doré, *page* 70.

E

ECAILLE, nom qu'on donne à la couleur rouge, qu'on met sur les couvertures, *page* 63.

ECUSSONS ou *Armes*, nom qu'on donne à des Fers qui servent pour faire des ornements sur le plat de la couverture, *page* 72. Voy. *Armes*.

ENCARTER, se dit quand le petit cahier ou feuilleton se met dans le gros cahier, *page* 7.

ENDOSSER, former la rondeur du dos que doit avoir un Livre relié, *page* 37.

ENTRE-DEUX, Ais de merrain qui servent lorsqu'on endosse un Livre, *page* 37.

ENTRE-NERFS : on appelle ainsi les boucles de corde, pendantes de l'arbre du cousoir, auxquelles on attache les ficelles qui doivent former les nerfs. On donne aussi ce nom à l'espace qui est entre chaque nerf sur le dos du Livre, *pages* 22, 71.

EPOINTER; c'est racler avec un couteau les bouts de ficelles qui forment les nerfs, pour leur faire faire la pointe, *page* 28.

ERRATA, état des fautes qui se trouvent dans un volume, & qu'on imprime à la fin pour la commodité du Lecteur, *page* 16.

ESSORÉ se dit d'un Livre qui commence à être presque sec, *page* 64.

F

FENDRE le carton; c'est le couper seulement à moitié, sans détacher les deux parties l'une de l'autre, *page* 31.

FERS, nom qu'on donne à des instruments de cuivre, qui servent à imprimer divers ornements sur la couverture des Livres: on leur donne différents noms, selon les places où ils doivent servir; on les appelle *Fers à dos*,

dos, *Ecussons*, *Armes*, &c. *page* 68.

FEUILLETON, nom du petit cahier de la feuille *in-douze* & autres, *pages* 7, 10.

FLEUR ou dos du parchemin ; c'est le côté de la peau où se trouvoit la laine ou le poil. Le côté opposé, celui qui touche la chair de l'animal, s'appelle *Poil*.

FOUETTER ; c'est serrer le Livre couvert de cuir entre deux ais avec de fortes ficelles pour empêcher qu'il ne s'ouvre au feu, *page* 58.

FROTTOIR, instrument qui sert lors de l'endossement, à frotter le dos du Livre, *page* 38.

FUST, espece de petite Presse qui porte le Couteau à rogner, *page* 41.

G

GARDES. On appelle ainsi deux feuilles, l'une de papier blanc, l'autre de papier marbré, qu'on met à la tête avant le frontispice du Livre, & à la fin. On donne aussi ce nom au bout de la bande de parchemin qui forme les entre-nerfs, *pages* 21, 35.

GLAIRER ; c'est passer une couche de blanc d'œuf sur le plat de la couverture d'un Livre, aux endroits qu'on veut dorer, *page* 63.

GODURE, plis qui se forment sur les feuilles quand elles n'ont pas été battues avec assez de précaution, *page* 19.

GOUTTIERE ; c'est la partie des feuilles par laquelle on ouvre son Livre, & qui est opposée au dos, *page* 43.

GRATTOIR, espece de Ciseau armé de dents, qui sert à gratter le dos pour faire entrer la colle entre les cahiers, *page* 38.

GRECQUE, scie à main avec laquelle on fait au dos des Livres les entailles dans lesquelles on loge les chaînettes. Ces entailles se nomment *Grecquure*, & l'opération *Grecquer*, pages 20, 21.

J

JASPER ; c'est peindre la tranche ou la couverture des Livres en couleur de jaspe, *page* 46.

L

LISSER, se dit quand au battement les feuilles s'écartent l'une de l'autre & se maculent, *page* 18.

LIVRET ou livre d'or en feuilles ; c'est en effet une espece de petit Livre, entre les feuillets duquel on met l'or battu & réduit en feuilles, *page* 67.

M

MACULER est la même chose que *Lisser*. Ce mot se dit aussi quand un Livre ayant été battu trop tôt après être sorti de la presse, l'encre s'étend & fait des taches noires, *page* 17.

MARGE (fausse marge). On appelle ainsi les feuilles d'un Livre, qui, avant d'être rognées, descendent moins bas que les autres, *page* 43.

MARQUE, espece de regle de carton, qui, lors de la couture, sert à espacer également les nerfs, *page* 23.

MEMBRURES, ais qui servent à l'endossement des Livres, *page* 37.

MORDS ; ce mot se prend en plusieurs sens : on dit *donner le mords au carton*, lorsqu'on le coupe un peu en biseau. *Mords du Livre*, est la saillie que fait le dos du Livre sur chaque côté du plat. Cette saillie est nécessaire pour loger le carton, *pages* 23, 30, 53, 57.

N

NERFS ; ce sont les ficelles qui font, sur le dos des Livres, les petites éminences qu'on y voit, & qui portent aussi le nom de *Nerfs*. L'espace compris entre deux de ces ficelles, s'appelle *Entre-nerfs*. La reliure où se voient ces nerfs, s'appelle *Reliure à nerfs* ; celle où ils ne sont point apparents, s'appelle *Reliure à la grecque*, page 22.

O

ONGLET, petite bande de papier qu'on laisse à une feuille pour coller dessus un carton, *page* 17.

OUVRAGE, (le grand ouvrage) ; les Relieurs appellent ainsi les *in-folio* & les *in-quarto*, pages 18, 44.

P

PALETTES, Fers qui servent pour dorer en appuyant, sans pousser devant soi comme ceux à roulettes, *page* 68.

PARER ; c'est diminuer l'épaisseur des bords de la piece de cuir qui sert à couvrir un Livre, *page* 56.

PARTAGER le carton ; c'est le placer de maniere qu'il déborde également le Livre en haut & en bas, *page* 32.

PASSER. Les Relieurs se servent souvent de ce mot : ils disent *passer en carton*, pour attacher le carton aux nerfs ; *passer en parchemin*, mettre les parchemins sur le dos ; *passer en peau*, couvrir les Livres de peau, *pages* 33, 34.

PIECES BLANCHES ; on appelle ainsi les pieces qu'on met à la couverture sur les défauts du cuir, *page* 60.

PLEIN-OR, Fers à dorer qui se tirent avec la presse, *page* 70.

POINTE ; espece de couteau qui sert à

couper le carton, *page* 30. On dit qu'un Livre *fait de la pointe*, quand il est plus rogné vers le dos que du côté de l'ouverture, *page* 43.

PORTE-PRESSE, bâti de menuiserie qui supporte la presse à rogner, *page* 42.

PRESSE, machine de bois composée ordinairement de deux jumelles & de deux vis. Les Relieurs se servent de plusieurs sortes de Presses, auxquelles ils donnent différents noms, suivant les usages auxquels ils les emploient: la *grande Presse*, la *Presse à endosser*, *à rogner*, *à tranche-filer*, *à dorer*.

R

RABAISSER; c'est couper avec la pointe le carton à la hauteur convenable, pour qu'il n'excede pas trop la tranche du Livre, *page* 45.

RECLAME, terme d'Imprimerie. C'est un mot qu'on met au bas de la derniere page de chaque cahier; ce mot est le premier de la page qui doit commencer le cahier suivant, *page* 16.

REGISTRUM, terme dont on se servoit dans les anciennes Imprimeries, qui revient à-peu-près au même sens que le mot *Reclame*. Voyez ce mot, & *page* 15.

S

SABLER. Les Relieurs appellent de l'*Ouvrage sablé*, les Livres qui ne sont battus & cousus que très-légérement. Cela ne se fait que pour les ouvrages de peu de valeur, *page* 19.

SIGNATURE, terme d'Imprimerie; ce sont des lettres capitales qu'on met au bas des premieres pages, & aux pages suivantes des cahiers d'un Livre, *page* 5.

SIGNET, petit ruban de faveur qu'on place dans un Livre pour pouvoir marquer l'endroit où on en est resté de sa lecture, *page* 50.

T

TABIS, sorte de gros taffetas ondé. On l'emploie quelquefois à faire des gardes dans un Livre, *page* 73.

TABLE; on donne ce nom au sommier d'en-bas de la grande Presse à presser, *page* 75.

TEMPLET ou *Temploir*, c'est une petite tringle de bois qu'on pose dans l'entaille de la table du Cousoir, pour retenir les chevillettes contre la table, & assujettir les ficelles qui forment les nerfs, *page* 23.

TRANCHE; c'est l'extrémité haut & bas & opposée au dos des feuillets d'un Livre; en un mot les trois côtés par où il a été rogné. La tranche opposée au dos s'appelle particuliérement *Gouttiere*, pag. 43, 44, 45.

TRANCHE-FILE, ornement de soie ou de fil de diverses couleurs, qu'on met au haut & au bas d'un Livre, il sert à assujettir les cahiers, *page* 51.

TRAVERSE, bande qu'on leve sur un carton pour éviter les fausses coupes, *page* 32.

TRINGLE. La tringle à dorer est une espece de latte qu'on met entre les feuillets & le carton d'un Livre qu'on veut dorer sur tranche, *page* 48. La tringle à rabaisser est une regle de fer dont on se sert quand on veut rabaisser les cartons après les avoir rognés, *page* 45.

U

UNIR le cuir; c'est appuyer fortement le cuir sur le carton avant que la colle soit seche, pour qu'il s'applique immédiatement sur le carton, *page* 57.

V

VEAU FAUVE: on appelle ainsi le veau sur lequel on n'a mis aucune couleur; il n'a que celle qu'il a prise à la tannerie, *page* 62.

TABLE DES CHAPITRES ET ARTICLES CONTENUS DANS L'ART DU RELIEUR.

FIN.

DE L'IMPRIMERIE DE L. F. DELATOUR. 1772.

Dessiné et Gravé Par N. Ransonnette.

Dessiné et gravé par Ransonnette.

Dessiné et Gravé par N. Ransonnette.

Dessiné et Gravé par N. Ransonnette.

Dessiné et Gravé par N. Ransonnette

Dessiné et Gravé par N. Ransonnette.

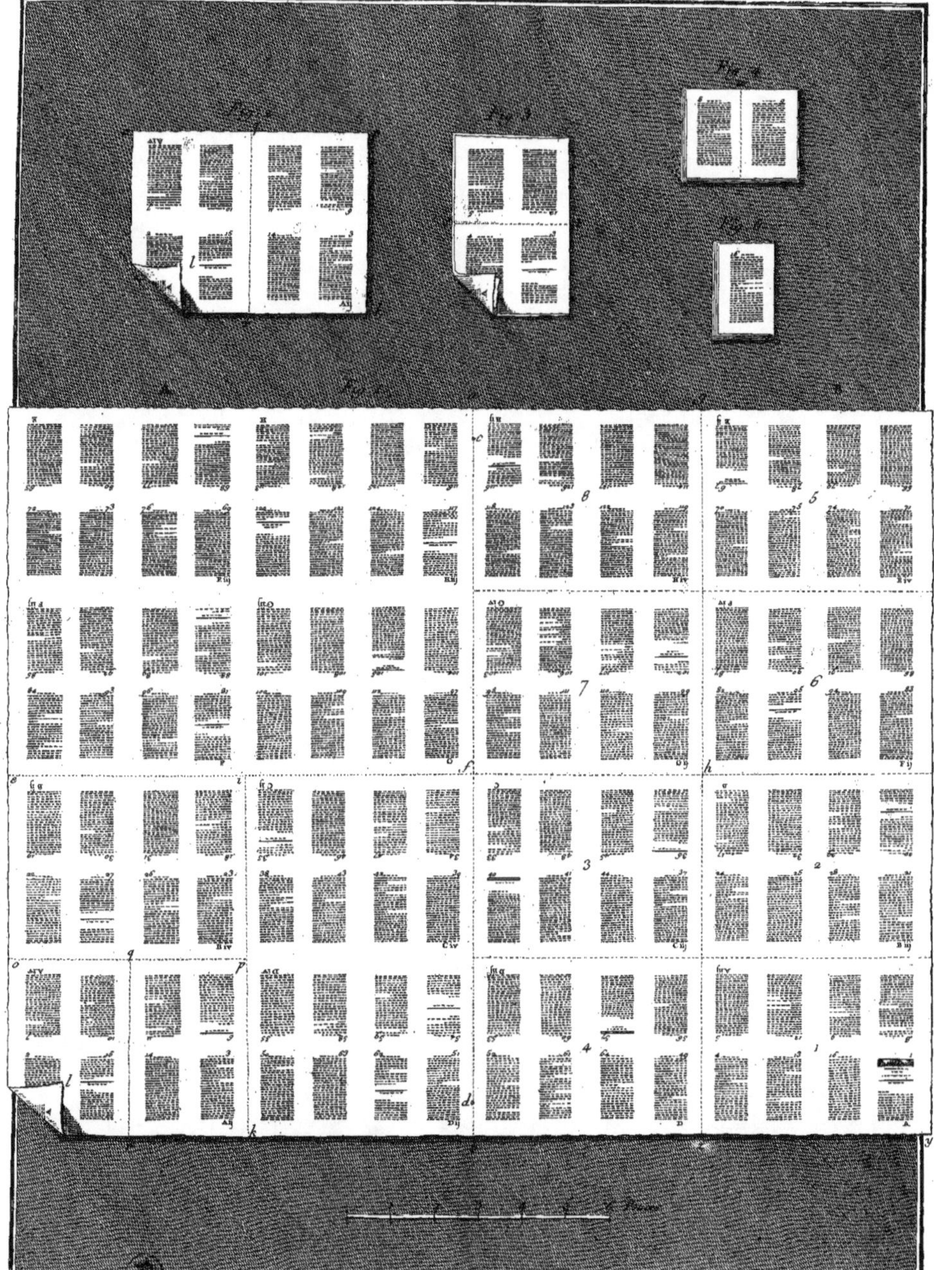

Dessiné et Gravé par N. Ransonnette.

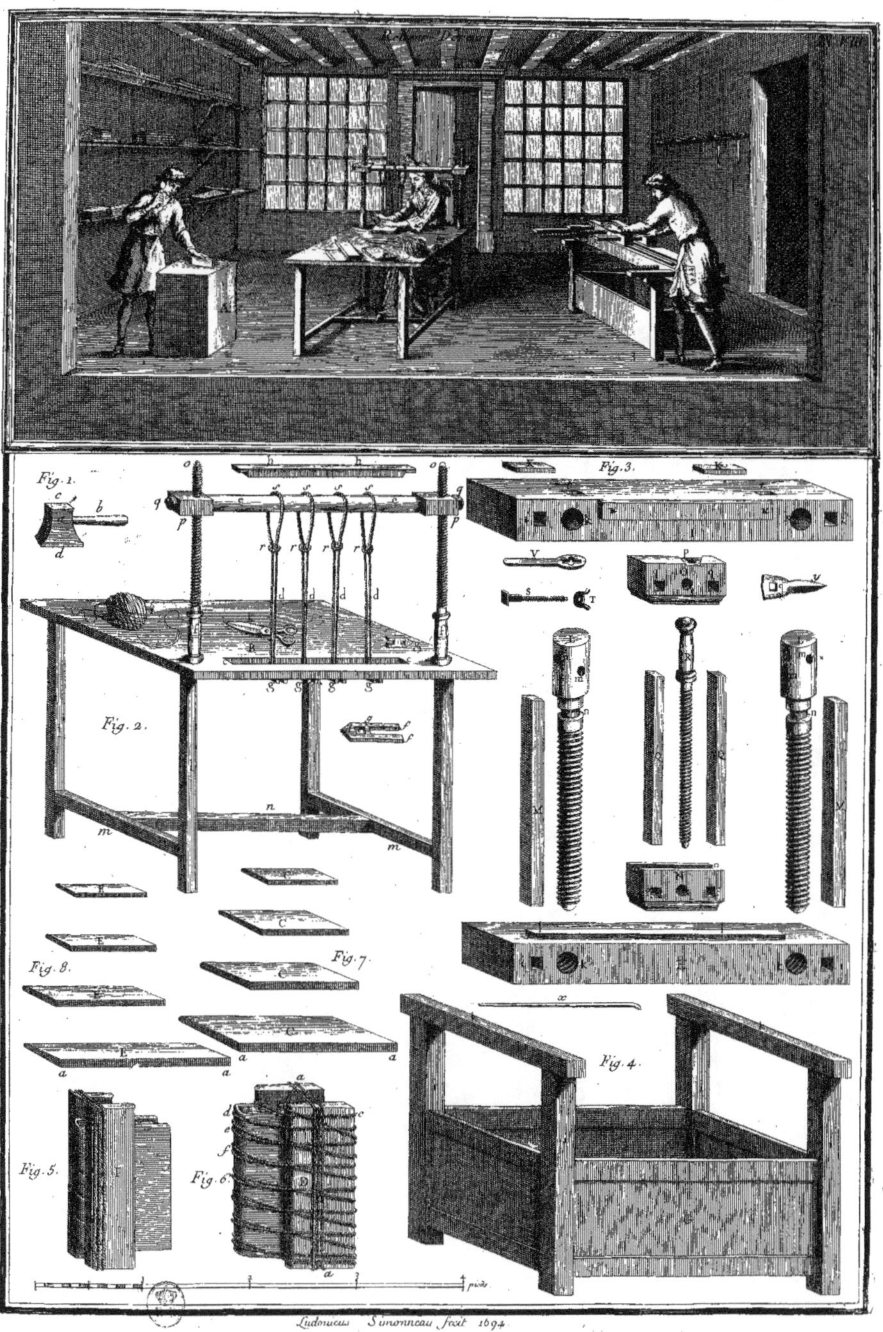
Fig. 1.
Fig. 2.
Fig. 3.
Fig. 4.
Fig. 5.
Fig. 6.
Fig. 7.
Fig. 8.
pieds
Ludovicus Simonneau fecit 1694

Fig. 13.

Fig. 17.

Fig. 16.

Fig. 15.

Fig. 6.

Fig. 12.

Fig. 11.

Fig. 9.

Fig. 10.

Fig. 7.

Fig. 8.

Fig. 14.

Fig. 5.

Fig. 4.

Fig. 3.

Fig. 2.

Fig. 1.

Dessiné et Gravé par N. Ransonnette.

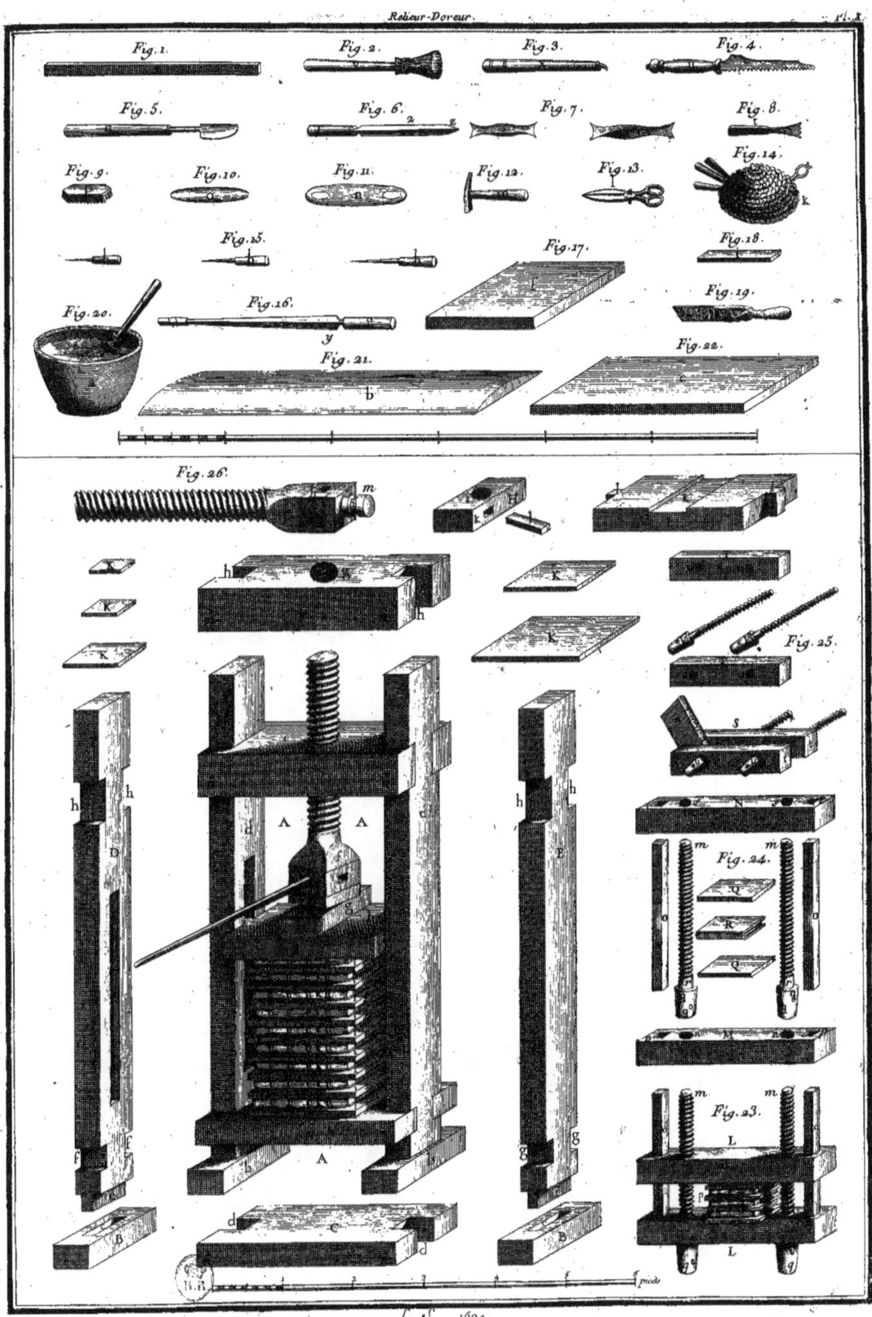
Relieur-Doreur.
Pl. I.
Fig. 1.
Fig. 2.
Fig. 3.
Fig. 4.
Fig. 5.
Fig. 6.
Fig. 7.
Fig. 8.
Fig. 9.
Fig. 10.
Fig. 11.
Fig. 12.
Fig. 13.
Fig. 14.
Fig. 15.
Fig. 16.
Fig. 17.
Fig. 18.
Fig. 19.
Fig. 20.
Fig. 21.
Fig. 22.
Fig. 26.
Fig. 25.
Fig. 24.
Fig. 23.
pieds
L. S. 1694.

Relieur-Doreur. Pl. XI

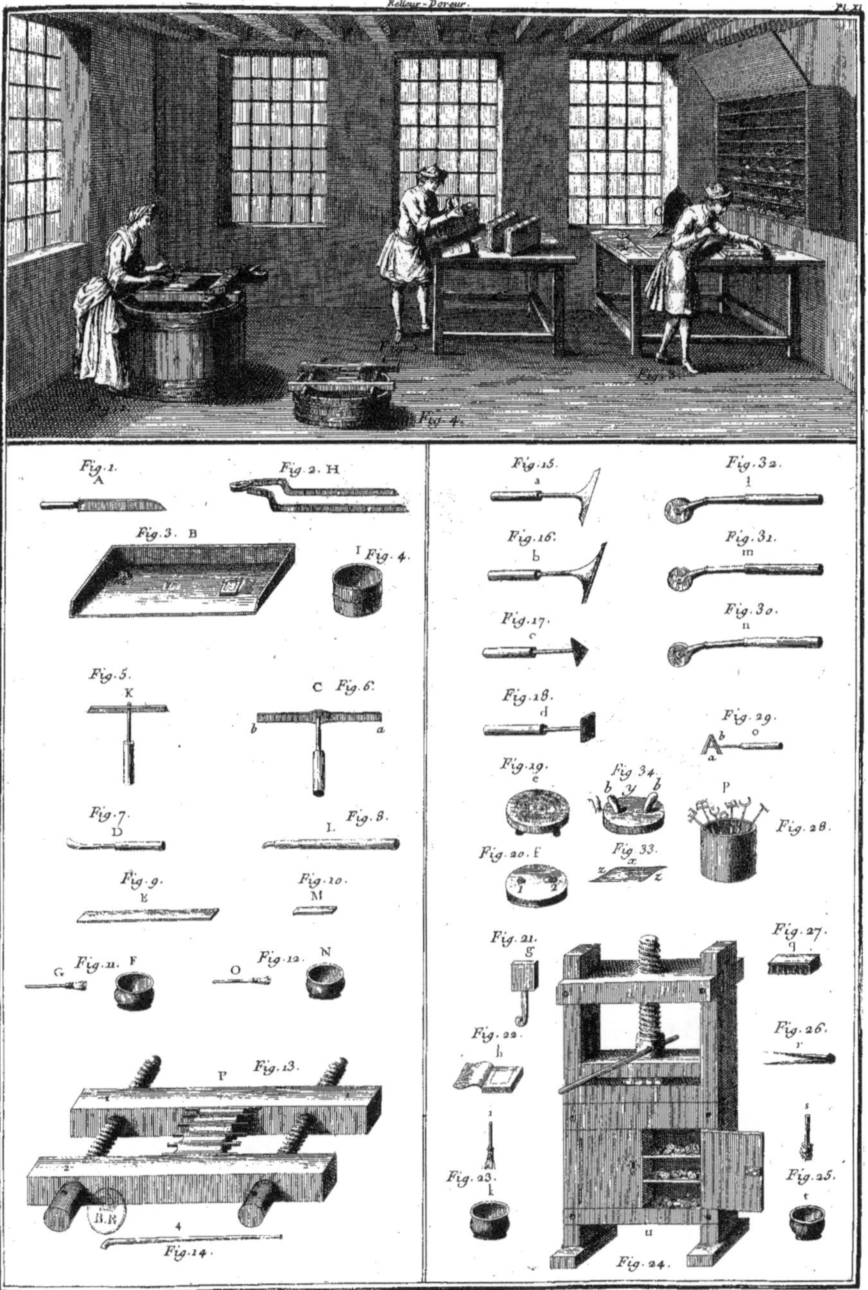

Dessiné et Gravé par N. Ransonnette.

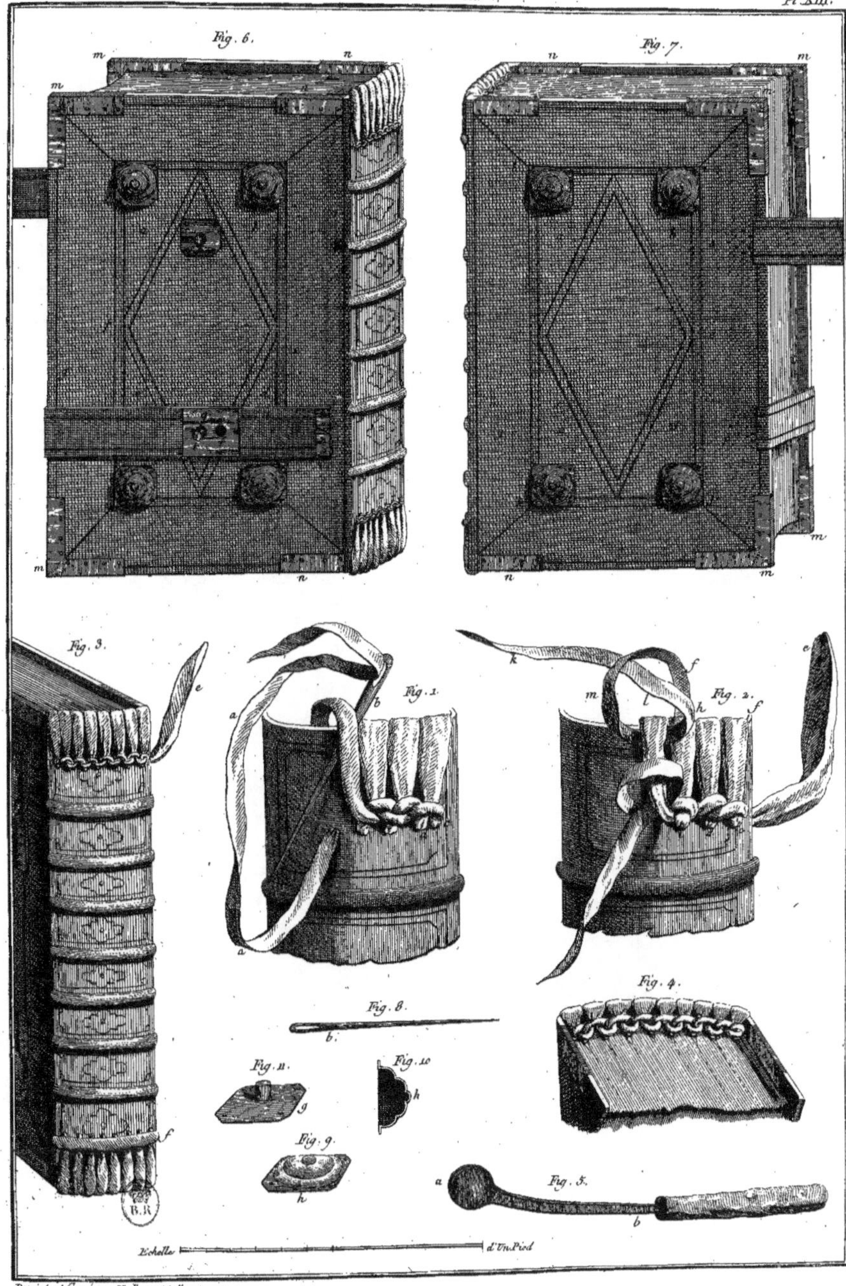

Dessiné et Gravé par N. Ransonnette

Dessiné et Gravé par N. Ransonnette.

Dessiné et Gravé par N. Ransonnette.

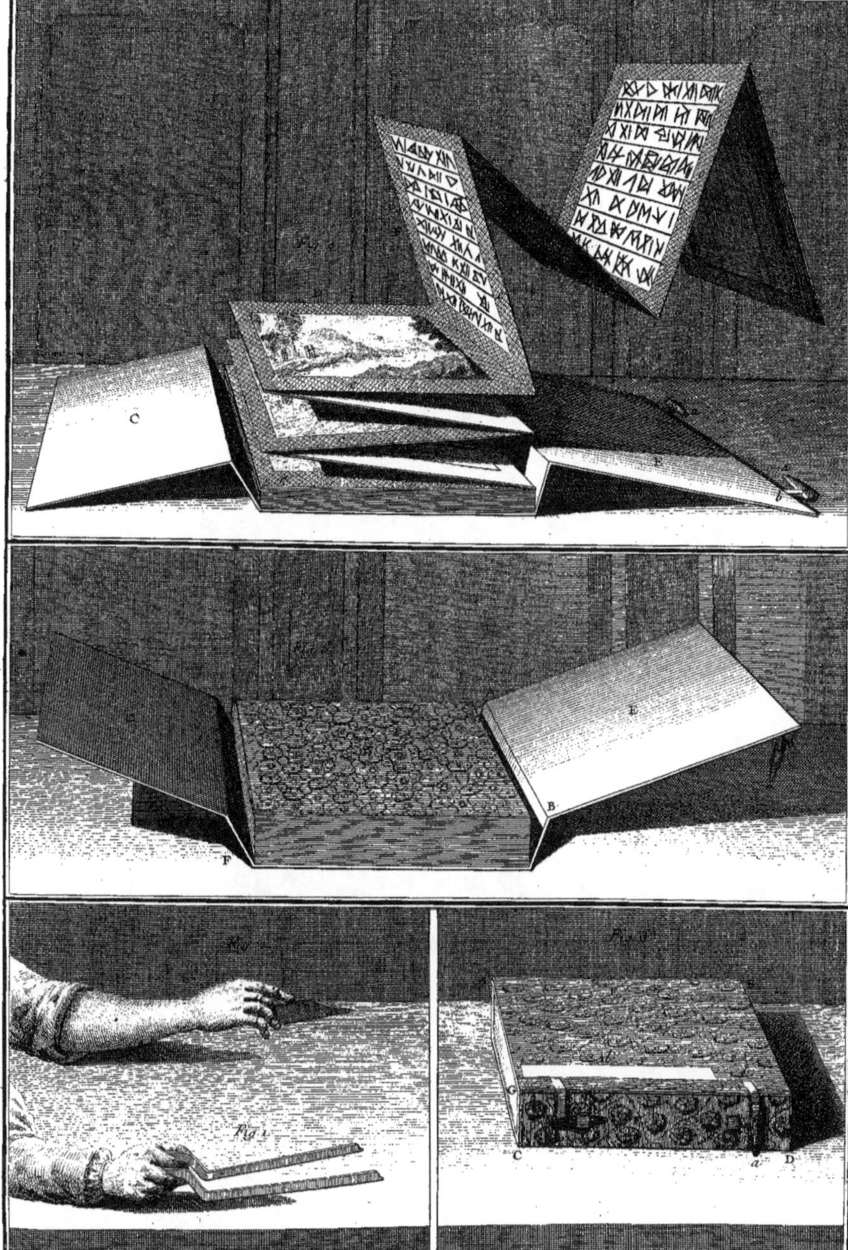

Dessiné et Gravé par N. Ransonnette.

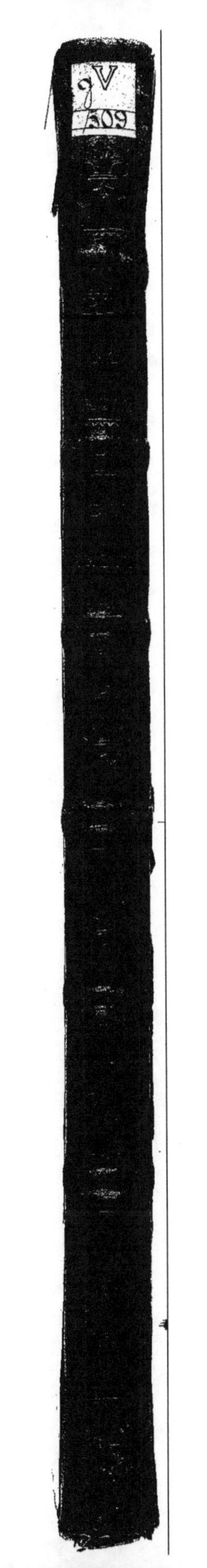
gV
509

www.ingramcontent.com/pod-product-compliance
Lightning Source LLC
LaVergne TN
LVHW020314230826
846091LV00003B/663
* 9 7 8 2 0 1 4 4 4 5 4 4 2 *